C·H·Beck
PAPERBACK

Jede Emigration ist ein fundamentaler Bruch im Leben. Sie entwurzelt den Menschen, macht ihn sprachlos, einsam und unsichtbar. In schonungsloser Ehrlichkeit berichtet Günther Anders von der Scham und Schande, die seine eigene Existenz als Geflüchteter mit sich gebracht hat. Sein fulminanter Essay wirft neues Licht auf die «moralische Hauptmisere» des 20. Jahrhunderts, behandelt zugleich das politische und gesellschaftliche Reizthema unserer Zeit – und steht damit auf einer Stufe mit anderen Wiederentdekkungen, wie Hannah Arendts «Die Freiheit, frei zu sein», Theodor W. Adornos «Aspekte des neuen Rechtsradikalismus» oder George Orwells «Über Nationalismus».

Günther Anders (1902–1992) zählt zu den bedeutendsten Philosophen des 20. Jahrhunderts. Im deutschen Sprachraum ist seine geistige wie politische Radikalität ohne Beispiel. Sein Hauptwerk ist «Die Antiquiertheit des Menschen» (in mehreren Auflagen erschienen bei C.H.Beck).

Florian Grosser lehrt Philosophie an der University of California, Berkeley und am California College of the Arts, San Francisco. Bei C.H.Beck erschien von ihm das Buch «Revolution denken. Martin Heidegger und das Politische 1919 bis 1969» (^{2}2020).

Günther Anders

Der Emigrant

Mit einem Nachwort
von Florian Grosser

C.H.BECK

Der Essay «Der Emigrant» von Günther Anders erschien zuerst in der Zeitschrift *Merkur* im Juli 1962.

www.chbeck.de
Umschlaggestaltung: Konstanze Berner, München
Satz: C.H.Beck.Media.Solutions, Nördlingen
Druck und Bindung: Druckerei C.H.Beck, Nördlingen
Gedruckt auf säurefreiem und alterungsbeständigem Papier
(hergestellt aus chlorfrei gebleichtem Zellstoff)
Printed in Germany
ISBN 978 3 406 77666 3

myclimate

klimaneutral produziert
www.chbeck.de/nachhaltig

Inhalt

Der Emigrant

«Man denkt an mich, also bin ich»

Günther Anders

Der Emigrant

Vitae, nicht vita

Deine Bitte um eine «vita» versetzt mich in Verlegenheit. Ich hatte keine vita. Ich kann mich nicht erinnern. Emigranten können das nicht. Um den Singular «das Leben» sind wir, von der Weltgeschichte Gejagte, betrogen worden.

Ich höre Dich einwenden: Kein Leben sei ein Singular; niemand habe eine «vita»; es gebe keine Lebensläufe, die nicht in Einzelphasen zerfallen; unter «Leben» verstünden wir gerade die Einheit dieser auseinanderfallenden Phasen; und die Tatsache, daß sich das Leben in Phasen aufgliedere, die zerstöre nicht die Erinnerung. – Zugegeben. Nur daß sich gewöhnlich die Übergänge von einer Phase zur anderen vor dem Hintergrunde oder im Rahmen einer Umwelt abspielen, die, selbst wenn diese sich verändert, als Konstante empfunden wird. Und daß diese Umweltkonstante gewöhnlich den Zusammenhang der Lebensphasen sichert.

Aber diese Voraussetzung der Lebenseinheit blieb uns, die wir von Umwelt zu Umwelt gestoßen wurden, mißgönnt. Die Kerben, die die Phasen unseres Lebens voneinander trennen, reichen viel tiefer als jene Kerben, die Lebensphasen gewöhnlich gegeneinander abgrenzen; so tief, daß nun die Zugehörigkeit der Phasen zum Leben als *einem* unspürbar, sogar objektiv fraglich, geworden ist. In gewissem Sinne mag zwar auch der Lebenslauf des Schmetterlings, der als Raupe begonnen hatte, als Puppe überwintert hat und nun hier herumflattert, *einer* sein; im gleichen Sinne wie der des Hundes nicht.

Nun, daß wir keine vita gehabt haben, bedeutet natürlich nicht, daß unser Lebensstoff dürftig gewesen sei. Wenn ich alle jene Figuren, als die ich einmal herumgelaufen, oder die mich auf ihren Schultern durch Raum und Zeit bis zu diesem Hier und Jetzt getragen, um mich versammeln und alle jene «faits divers», die mir zugestoßen, vor mir aufhäufen könnte – der Zahl und der Menge nach würde das sogar für ein reiches Menschenleben auslangen. Aber eine «vita» käme dabei doch nicht heraus. Sondern nur *«vitae»*. Nur Leben im Plural.

Ich sage «nur». Denn Arithmetik ist hier nicht zuständig, mehrere vitae sind nicht unbedingt mehr als eine einzige vita. Umgekehrt kommt es uns, die wir zur Vielheit verurteilt gewesen waren, oft so vor, als hätten wir überhaupt kein Leben hinter uns. Oder höchstens nur unser jeweils gerade letztes. Das Ganze dagegen bekommen wir nicht mehr in den Griff. Unsere Fähigkeit, zeitlich weite Erstreckungen auf- und zusammenzufassen, die ist uns, ähnlich jenen Musikbanausen, die eigentlich immer nur den applaustreibenden Schluß der gehörten Symphonie beklatschten (oft sogar Takte, die auch anderen Symphonien als Finale hätten dienen können), abhanden gekommen. Nur ist der Verkümmerungszustand in unserem Falle besser gerechtfertigt als im Falle der Musikbanausen, weil, was hinter uns liegt, wirklich kein symphonisches Ganzes gewesen war, sondern eben nur ein Nacheinander von Phasen oder bestenfalls eine vielsätzige Suite.

Damit bin ich bei dem Punkte, an dem ich Dich haben wollte.

Vorauszusetzen (wie Du es tust), daß sich eine Suite genauso gut erinnern lasse wie eine Symphonie, oder unbildlich: daß nach jeder Art von Leben Erinnerung gleich gut funktionieren könne oder gar können müsse, ist ein Vorurteil. Sowenig die Sichtbarkeit eines physischen Objekts nur von dessen Leuchtkraft abhängt oder nur von der Sehschärfe des Beobachters, sondern auch von der Art und von der Struktur des Mediums, in dem es sich aufhält, sowenig hängt die Erinnerbarkeit eines Erinnerungsobjektes allein von dessen Leuchtkraft ab oder nur von der Gedächtniskraft des Sicherinnernden, sondern auch von der Struktur des Lebensganges, innerhalb dessen es placiert ist. Für die Geschlechter vor dem Ausbruch der neuen Völkerwanderungen, für unsere Großeltern, die dort lebten, wo sie nun einmal (ihr *eines* Mal) lebten, glich die Welt einem *Walde von Merkzeichen*, deren jedes auf einen Tag oder eine Stunde ihres Lebens verwies. *Sich* zu erinnern, hatten sie kaum nötig, alles erinnerte *sie*, die Initiative und die Anstrengung der memoria blieb ihnen weitgehend erspart, die Dinge ihrer Welt sagten ihnen das meiste ein. Vermutlich wird Dir die Behauptung, daß Erinnerung damals sich von Erinnerung heute fundamental unterschieden habe, sonderbar vorkommen; denn Du hast ja bei Psychologen studiert, die nur *die* (angeblich geschichtsneutrale) Erinnerung kennen, also nicht ahnen, daß es, analog zur Begriffsgeschichte, auch eine Geschichte der sich wandelnden seelischen Vermögen und Leistungen gibt, daß also auch die Psychologie als historische Wissenschaft arbeiten müßte. Gleichviel, im Vergleich mit den «Recherches *des* tempus perdus», die Du mir da ahnungslos nahegelegt hast, müssen die «Recherches *du* temps perdu», die unsere Väter getrieben haben, trotz ihrer schon damals großen Schwierigkeiten, ein Kinderspiel gewesen sein. Und das nicht nur deshalb, weil unsere Väter nur ihre einzige vita zu rekapitulieren hatten, oder weil deren Welt die notwendigen Merkzeichen in sich barg – wir dagegen viele vitae hinter uns haben und, da unsere heutige Welt keine Anspielungen auf unsere früheren Welten enthält, sogar versuchen müßten, diese vitae mit eigener Kraft heraufzubeschwören: Wenn sich der Unterschied zwischen der Aufgabe damals und der heutigen auf den zwischen Singular und Plural beschränken würde, dann ließe sich das Geschäft des Erinnerns vermutlich noch leisten. Aber das ist eben nicht der Fall. Die Tatsache, daß es sich in unserem Falle um mehrere Leben handelt, ist nicht einfach eine numerische Tatsache, vielmehr hat sie immer zugleich eine ganz besondere *Zeichnung* unseres Lebensganges zur Folge;

und zwar eben eine, die das Erinnern erschwert oder geradezu unmöglich macht. Was ich meine, ist, daß der Lebensfluß dessen, der mehrere Leben zu absolvieren gezwungen ist, einen Verlauf nimmt, der sich von dem Flußbett der durchschnittlichen vita unterscheidet, etwa so, wie sich der Verlauf der Mosel von dem des Rheins unterscheidet: daß er kurvig, mäandrisch, zuweilen sogar labyrinthisch wird.

In gewissem Sinne trifft das ja sogar auf Dich zu. Du hast mir neulich erzählt, wie erstaunlich selten Du dich Deiner Kriegserlebnisse entsinnst. Diese Seltenheit hat nicht nur darin ihren Grund – dies unsere damalige Deutung –, daß Du von diesen Jahren nichts mehr wissen *willst*, sondern auch darin, daß Du sie in geradlinig zurückzielender Erinnerung gar nicht mehr auffinden *kannst*. Und zwar deshalb nicht, weil diese Lebensjahre vom «Stamm» Deines Lebens in eine so völlig neue Richtung abgezweigt waren, daß sie nun gewissermaßen im Winkel von diesem abstehen. – Ein Analogon: Ich kenne französische Remigranten, die nach ihren Exiljahren in ihr (mindestens verglichen mit anderen Remigrationsgegenden) altes und intaktes Paris zurückkehrten, und denen es dort passierte, daß die Exilzeit (die, solange sie währte, ein entscheidendes und aufs intensivste erlebtes Stück ihres Lebens dargestellt hatte) zu verblassen, nein geradezu zu schrumpfen begann. Und bei einigen dieser Rückkehrer sind die Wundränder des Exil-Intermezzos bereits narbenlos zusammengewachsen, das heißt: Die Zwischenzeit ist zu einem «temps perdu» geworden, zu einem

Zeitstück, das sie nun durch keine «recherche» mehr wiederfinden können.

Aber die Rückkehrfälle sind nicht die wichtigsten, mindestens (da ja die Zahl derer, die wie ich remigriert sind, verschwindend gering ist) nicht für uns Emigranten. Kennzeichnend für uns ist nicht, daß unser Leben durch ein (unerinnerbares) Intermezzo eine Unterbrechung erfahren hat, sondern daß die Zerfällung unseres Lebens in mehrere Leben endgültig geworden ist; und das heißt, daß das zweite Leben im Winkel vom ersten absteht, und das dritte wieder vom zweiten, daß jedesmal eine «Wegbiegung» stattgefunden hat, eine *Knickung*, die den Rückblick – beinahe hätte ich geschrieben: physisch – unmöglich macht.

«Abzweigung», «Winkel», «Knickung» – alle diese Ausdrücke klingen uns, wenn wir von «Zeit» sprechen, natürlich ungewohnt.[1] Wir alle haben ja gelernt, daß die Zeit nach dem Bilde eines (eindimensional und geradlinig verlaufenden) «Flusses» betrachtet werden dürfe, nein sogar müsse; und als wir das lernten, wäre uns die Idee, daß das Flußbett der Zeit, statt dem des Rheins, dem der Mosel ähneln könnte, wohl einfach abwegig vorgekommen. Reines Vorurteil. Denn wenn ein Lebenslauf, gleich ob durch ein Damaskus oder durch eine Kristallnacht, abreißt, und wenn das weitergehende Leben genötigt wird, sich mit völlig neuen Inhalten anzufüllen, mit Inhalten, die auf die Zeit «ante» nicht verweisen, dann wird dieses mit neuen Inhalten saturierte Zeitstück nicht mehr als eine Verlängerung der diesem vorangehenden Zeit aufgefaßt, sondern als ein vom bisherigen Wege in mehr oder minder spitzem Winkel abbiegender neuer Weg, wenn nicht sogar als ein, gewissermaßen durch «Teilung» entstandener, neuer Organismus mit eigenem Kopf und eigenem Schwanz.

In anderen Worten: Da es unser Schicksal war, aus jeder Welt, in die wir geraten waren, in eine nächste gejagt zu werden, und da wir unter dem Zwang standen, uns mit immer neuen Inhalten zu saturieren, und zwar mit solchen, die auf die alten nicht verwiesen, liegen nun die (den verschiedenen Welten zugeordneten) Zeiten *quer* zueinander. Nach jeder Knickung wurde das der Knickung vorausliegende Stück Leben unsichtbar. An Paris konnte ich mich, nachdem ich die nächste Station New York erreicht hatte, nur noch unzulänglich erinnern; und seit ich in Wien lebe, liegt die Werkstätte, zu der ich in Los Angeles zu pilgern hatte, im tiefen Dunkel – keiner von jenen, die neben mir gearbeitet haben, ist mir namentlich noch bekannt, keines der Gesichter kann ich mehr heraufbeschwören. Der Blick um die Zeit-Ecke ist noch weniger durchführbar als der um die Raum-Ecke; Zeitperiskope sind noch nicht erfunden.

Was von jeder Einzelstrecke innerhalb unseres Lebens gilt, gilt vom Lebensganzen natürlich erst recht. Seine mäandrische Zeichnung wirkt sich als effektive *Erkenntnisverhinderung* aus, die Vielzahl seiner Knickungen macht seinen Verlauf vollends undurchschaubar.

Grenzfall: Als ich Herrn K., den ich in Deutschland flüchtig gekannt hatte, in Kalifornien als Siebzigjährigen wiedersah, hatte er eine Odyssee hinter sich, die ihn von Berlin nach Paris, von dort nach Lissabon, von dort nach Shanghai, von dort nach Los Angeles verschlagen hatte. Um den Mann stand es folgendermaßen: Die Existenz seiner bereits hinter ihm liegenden vitae war ihm natürlich nicht unbekannt, an deren Einzelheiten aber konnte er sich nicht erinnern. Erkundigte man sich nach diesen, dann reagierte er so, als frage man ihn nach den Details aus dem Leben seines Vaters oder Großvaters, also vage oder unwirsch. Da er dem Zwang, immer wieder abzubrechen, gewachsen gewesen war, da er immer wieder auf seine Füße gefallen war, war ihm diese seine *Palingenese* natürlich geworden – sie war nun so sehr seine Routine, daß er die Miene des Unverletzbaren zur Schau trug, so als stäke in seiner Brusttasche die Police einer Unsterblichkeitsversicherung, die ihm ewiges Leben verbürgte. In vernünftigen Augenblicken gab er zwar zu, daß diese seine Unsterblichkeitsgewißheit «reiner Quatsch» sei, selbst dann aber fügte er hinzu, daß ihn dieses Wissen überhaupt nicht berühre, daß es nicht die mindesten Folgen für sein Lebensgefühl habe, nein noch nicht einmal für die Dispositionen, die er zu treffen habe. In anderen Worten: Sich vorzustellen, daß die Wiedergeburt, die so oft geklappt hatte, nicht ewig weiterklappen würde, daß sie eines schönen oder unschönen Tages plötzlich versagen könnte, das war ihm unmöglich. – Natürlich stellte K.'s Reaktion auf die Vielzahl seiner vitae einen grellen, beinahe krankhaften

Grenzfall dar. Aber gerade Grenzfälle beleuchten die Normalfälle. Auch meinen Fall.

Vor zwanzig Jahren sah ich in Kansas einen Musikclown, der das Musikstück seiner dreifach verknoteten Tuba, so als hielte er diese für ein Fernrohr, vors Auge setzte, den Trichter auf den Mond richtete und sich in scheinbarer Verzweiflung darum bemühte, das gewundene Röhrensystem mit seinen Augen zu durchdringen. Um schließlich, mit den Achseln zuckend, dem Publikum mitzuteilen, es herrsche Neumond. – Wenn ich Deiner Bitte nachkommen und versuchen würde, durch das Ganze meines Lebens hindurchzublicken, der Erfolg meiner Bemühung wäre um nichts größer.

Der verlorene Seinsbeweis

Als unbezweifelhaft *da* erfährt sich jeder von uns allein dann, wenn er von anderen als daseiend in Anspruch genommen wird. Im Unterschiede zum Cartesischen Cogito ergo sum müßte der im Leben faktisch geltende Seinsbeweis lauten: *Cogitor ergo sum* – «man denkt an mich, also bin ich». «Müßte» sage ich, weil diejenigen, die diesen Satz unterschreiben (also alle), ihn gar nicht erst in Worte fassen. Und das tun sie deshalb nicht, weil ihnen die Wahrheit des Satzes für ausdrückliche Formulierung zu selbstverständlich ist. Wie manche andere Wahrheit verdankt auch diese ihre Unbekanntheit der Universalität ihrer Anerkennung.

*

Daß man unser im Exil gedacht hatte, davon konnte keine Rede sein. Eine kurze Zeit lang galt zwar noch eine infernalische Variante dieses Seinsbeweises, denn wir waren ja Verfolgte gewesen. Auch aus dem «Man ist hinter mir her» ergibt sich ja noch ein letztes «Also bin ich», auch der Verfolger denkt ja noch unser, wenn auch nur, damit es unsereins nicht mehr gebe – gleichviel, auch dieses skandalöse

Minimum an Bestätigung ging rasch verloren, und bald wanderten wir, wo immer der Zufall uns hinverschlagen hatte, zwischen Millionen, die uns als Luft behandelten – und so *wurden* wir Luft. Es hat wohl keinen unter uns gegeben, der nicht eines Tages an irgendeiner Ecke irgendeiner Stadt stehengeblieben wäre, um festzustellen, daß die Rufe und Geräusche der Welt plötzlich so klangen, als wären sie nur für die anderen gemeint – kurz : der nicht die Erfahrung gemacht hätte, daß er *nicht mehr da* war. Die Emigrations-Selbstmorde besiegelten nur diesen Existenzverlust. Die Erhängten oder Überfahrenen, die nun als Müll fortgerollt wurden, waren immer schon, ehe Schnur oder Rad ihr Werk getan hatten, an Weltlosigkeit und Sozialhunger eingegangen.

Kein Wunder, daß die meisten von uns gierig darauf waren, sich den Seinsbeweis, ohne dessen täglich neuen Konsum auch sie nicht leben konnten, so rasch wie möglich von neuem zu beschaffen. Die meisten brannten also darauf, den Zufall der irgendwann einmal erreichten Küste in das Schicksal einer zweiten Heimat zu verwandeln, sich von dem neuen Lande, gleich ob dieses tragfähig war oder nicht, und gleich ob es traglustig war oder nicht, «tragen» zu lassen, von diesem anerkannt zu werden, in diesem, statt nur als fünftes oder fünftausendstes Rad am Wagen von der Fremdenpolizei gezählt zu werden, wirklich zu *zählen* – kurz: Die meisten von uns waren wild darauf, aus *Emigranten* so rasch wie möglich *Immigranten* zu werden, um dadurch wieder dazusein. Diese Gierigen als treulos oder anschmeißerisch abzutun, wäre einfach ungerecht. Nur Doktrinäre verlangen von den Durchschnittlichen, die es gerade getroffen hat, daß sie über Nacht ebenso groß werden wie das überwältigende Unglück, in das sie hineingeraten sind, daß sie dieses also «bewältigen»; kein Mensch ist so gebaut, daß er es lange als bloßer *«Überschuß»* aushalten könnte. Wie bedauerlich oder skandalös das auch klingen mag, selbst das Leben derer, die zu bloßen Funktionsträgern innerhalb eines Apparates erniedrigt sind, ist noch leichter ertragbar als das Leben derer, die in nackter Funktionslosigkeit weiterzuexistieren haben.

*

Aber von diesen Begierigen will ich Dir hier nicht berichten, sondern von der Gruppe der «Berufsemigranten», von denen also, die das überfordernde «Überschuß-Sein» sich selbst zumuteten, ja die dieses Schicksal sogar dann gewählt hätten, wenn sie in der Fremde mit offenen Armen in Empfang genommen worden wären.

Mißversteh mich nicht. Die ich hier im Auge habe, sind nicht einfach nur die «Politischen», die (gleich ob trotz oder auf Grund ihrer Niederlage) in ihrer *Sache* wurzelten; und die, da ihre Sache und ihre Hoffnung geographisch neutral waren, weder darauf angewiesen waren, sich umzupflanzen, noch dazu in der Lage gewesen wären.

Ebensowenig meine ich hier die Adaptionsunfähigen und Unelastischen, diejenigen, die durch ihre Provinzialität oder durch ihre philiströse Enge daran gehindert wurden, sich auf Fremdes umzustellen. So einfach lag die (wie es in heutigen Doktorarbeiten über unsere damalige Misere so nekkisch heißt) «sozialpsychologische Problematik der Emigration» gar nicht. Umgekehrt waren es gerade die (wie wir sie, ich weiß nicht nach welchem Adaptionsgenie, nannten) «*Heilbronner*», also die Kleinbürger und Kleinstädter unter uns, die sich reservelos der Fremde an den Hals warfen, die sich nach vierzehn Tagen als alte Pariser aufspielten oder als geborene New Yorker, oder die unter «wir» «wir Pariser» oder «wir New Yorker» verstanden – viel prompter jedenfalls als wir Berliner oder wir Wiener. Im Auge habe ich vielmehr eine dritte Gruppe, die Gruppe derer, die, obwohl sprachkundig, reisegewohnt, weithorizontig und elastisch, ihre Reserve aufrechterhielten; und die das einfach deshalb taten, weil es ihnen inferior schien, sich durch die Inferiorität drüben zwingen zu lassen, von einem Tag zum anderen als Möchtegern-Franzosen oder -Amerikaner herumzulaufen. Daß viele dieser umweltasketischen Männer, da sie einer politischen Katastrophe zum Opfer gefallen waren, nun auch die angemessene Folgerung zogen, daß also auch sie sich nun mehr oder minder politisierten und sich Gruppen anschlossen, das ist nur selbstverständlich. Zu einem gewissen Grade besagt das zwar auch, daß sie nun nicht mehr völlig in der Luft hingen, sondern, statt einem Lande, nun einer Schicksalsgemeinschaft zugehörten – aber damit ist nicht gesagt, daß sie die Hartnäckigkeit mit der sie darauf bestanden, weiter nichts als Emigranten zu bleiben, ausschließlich dieser ihrer Politisierung verdankt hätten.

*

Der Vorzug, sich wieder getragen zu fühlen und sich einer neuen Umwelt zurechnen zu dürfen; dieser Vorzug, der den Möchtegern-Parvenus nur versagt blieb oder im besten Falle nur nach entwürdigender Wartezeit vergönnt wurde, der galt den Asketen also gar nicht als Vorzug, den schlugen sie von sich aus in den Wind. Freiwillig lebten sie als Niemande weiter, freiwillig verzichteten sie darauf, diese neue Welt zur «Umwelt» zu machen, sich in dieser häuslich einzurichten, sich mit dieser zu identifizieren, sich in dieser zu bewähren, in dieser etwas zu gelten oder gar Autorität zu genießen.

Ich kann mich nicht erinnern, unter den Hunderten von Umweltsasketen, denen ich in der Emigration begegnet bin, auch nur einen Einzigen getroffen zu haben, der erwähnt hätte, welchen exorbitant hohen Preis er für seine Askese zu zahlen hatte. Aber zu zahlen hatte ihn fast jeder.

Welchen Preis?

Den der *Erwachsenheit*. – Denn Askese macht nicht erwachsen. Erwachsen wird man ebensowenig durch bloße Charakterstärke wie durch biologische Reifung. Vielmehr ist Erwachsenheit immer auch ein *sozialer Status*, ein Zustand, in den allein derjenige hineinwachsen kann, der einer bestimmten Welt zugehört; der deren «Wege» kennt; der *in* dieser eine gewisse Selbständigkeit genießt; der *von* dieser als kompetent, erfahren und vertrauenswürdig anerkannt und verwendet wird; und dem es *auf Grund* dieser ihm zugebilligten Autorität zur täglichen Gewohnheit geworden ist, fur die ihn Anerkennenden Verantwortung zu tragen.[2]

Was vom «Seinsbeweis» gilt, gilt ebenso von der Erwachsenheit: Auch sie wird uns von den anderen zugespielt, ohne Sozialpartner kann sie nicht gedeihen. Der durch niemanden Bedingte: der Fremdling, der Abenteurer, der Anarchist wie der Heilige, ist von der Chance der Erwachsenheit ebenso endgültig ausgeschlossen wie der restlos Bedingte und Unselbständige.

Daß das auf uns, die wir es zu unserem Programm machten, Fremdlinge zu bleiben, mit aller Kraft zutreffen mußte, liegt auf der Hand. Aber bitte mißversteh auch das nicht, jedenfalls nicht einfach als Zugeständnis einer Untugend. So leicht lassen sich die Für und Wider nicht verrechnen. Daß Erwachsenheit unter allen Umständen eine Tugend sei, das ist gar nicht so sicher. Wenn wir «erwachsen» diejenigen nennen, die die Schwächen und Bedingtheiten der Menschen kennen, die wissen, wie die «Wege der Welt» verlaufen, und die dieses Wissen zur Grundlage ihres Handelns und Nichthandelns machen – und auch das gehört ja wohl zu ihrem Bilde –, dann bedeutet das ja zugleich, daß sie niemals «Unmögliches» verlangen, weder von sich selbst noch von anderen; und dies wiederum, daß ihnen nichts fremder ist als Prinzipientreue. Diese gilt in ihren Augen vielmehr stets als halsstarrig und kindisch. Die zwei: Erwachsenheit und Unbedingtheit, jemals auf einem und demselben Beete blühen gesehen zu haben, dessen kann ich mich nicht entsinnen.

*

Natürlich besagt die Tatsache, daß wir den Preis der Erwachsenheit zu bezahlen hatten, nicht, daß wir damit die Chance ewiger Jugend gewonnen hätten. Aus der Not der Verzichtsituation die Tugend wirklichen Jungseins zu machen, das glückte nur den wenigsten, nur den Allervitalsten und den Allerunternehmungslustigen. Nicht jugendlich waren wir, sondern unerwachsen. Während Jugendliche *noch nicht erwachsen* sind, waren wir *noch immer nicht erwach-*

sen, in den schlimmsten Fällen biographischer Desorientierung sogar *nicht mehr erwachsen*. Manche Gesichter nahmen, und zwar im gleichen und gleich erschreckenden Tempo, greisenhaften und jünglingshaften Ausdruck zugleich an, sie wirkten, als kämpften auf ihnen Vorwärts- und Rückwärtsentwicklung unentschieden um den Vorrang, der Ausdruck «alter Knabe» klang plötzlich sinnvoll. In der Tat war, was uns von der Jugendlichkeit zufiel, allein deren mißlichster Teil. Da wir die chambres garnies des Provisoriums bewohnten; da wir unseren Alltag als bloßes Intermezzo betrachteten, da wir unser Leben als Vorleben für ein Übermorgen einrichteten, da wir als Bohemiens wider Willen von der Hand in den Mund lebten; da wir es abwiesen, die Wirklichkeit, die uns umgab, als eigene Welt anzuerkennen und in dieser zum Zug zu kommen – ließen wir uns auf ein, sowohl von außen wie von uns aus gesehen völlig *ungültiges Leben* ein, auf einen Zustand, der auf Grund seiner Ähnlichkeit mit dem Lebensstil unfertiger Menschen als «Pubertät» bezeichnet werden könnte – nur daß es sich in unserem Falle eben um eine «verlängerte Pubertät» gehandelt hat oder – dies der häufigste Fall – um einen Regreß in eine (längst schon überholte) Pubertät; oder schließlich (bei jenen, die nur das vorangegangene Leben als gültig, das Gegenwärtige dagegen nur als eine Art von schattenhaftem Nachspiel betrachteten) um eine «posthume Pubertät».

Aber wie plausibel der Ausdruck Pubertät auch klingen mag, er verlangt die äußerste Vorsicht, verwenden darf ich ihn nur dann, wenn ich die Ehrenrettung des Regresses, den er bezeichnet, sofort mitliefere – und das ist um so dringlicher, als die Zahl derer, die dieses Leben mitgemacht haben und die noch Zeugnis von ihm ablegen können, von Tag zu Tag abnimmt, die Rehabilitierung also bald versäumt sein könnte; andererseits die Diffamierung unseres damaligen Daseins von Jahr zu Jahr beliebter wird. Schwierig ist diese Rehabilitierung allerdings nicht, denn sie besteht in der simplen Erklärung, daß uns außerhalb der Alternative zwischen aufdringlicher Assimilierung und eben diesem Regreß keine dritte Möglichkeit zur Verfügung stand; und d.h., daß für Leute, die soeben aufs entsetzlichste entwürdigt worden waren und die in der Gefahr schwebten, sich zusätzlich auch noch selbst zu entwürdigen, mindestens darüber, wofür sie sich *nicht* entscheiden durften, keinen Augenblick lang Zweifel bestehen konnten. In anderen Worten: Die Wahl der «Pubertät» war das unselig große Opfer, das wir für unsere Standhaftigkeit zu bringen hatten; in ihr ein Zeichen kollektiver Unreife zu sehen, wäre Unsinn. Und daß wir den hohen Preis nicht vergeblich gezahlt haben, das steht fest. Der Unterschied zwischen uns und denjenigen, die vernünftig genug waren, unverzüglich den zweiten oder den dritten «gültigen» Akt ihres Lebens aufzuführen, die sich also in Paris, Shanghai, Oslo oder Caracas oder wo immer sie hinverweht waren, häuslich einrichteten, war ganz offensichtlich. Während diese sich dadurch moralisch anfällig machten, anfällig für Vergeßlichkeiten oder für die

Verharmlosung des Skandals in einen Zwischenfall – blieben wir «Unerwachsene» gegen solche Anfechtungen gefeit. Da wir, statt die weiterströmenden Jahre als gültige zu rechnen, die Pause als Pause durchhielten; da wir «auf der Stelle traten»: nämlich auf dem Zeitpunkt, auf dem «es» passiert war; und da wir, statt uns in das Alltagsgespräch der neuen Umwelt einzuschalten, den Empörungsschrei, den wir am ersten Tage angestimmt hatten, gleich ob wir gehört wurden oder nicht, weiterschrien – haben wir der Versuchung, die Entwürdigung, die wir erfahren hatten, durch Vergeßlichkeit zu entwürdigen oder die Herrschaft «drüben» als etwas anzuerkennen, womit Versöhnung in Betracht kommen konnte, nicht nur Widerstand leisten können, sondern diese noch nicht einmal als Versuchung kennengelernt.

(Die Juden unter uns, also auch ich, genossen freilich noch die größere Chance, gar nicht erst ausdrücklich moralisch sein zu müssen. Die Möglichkeiten der Gleichschaltung waren ja durch das Ausgeschaltetsein ausgeschaltet, die des Paktierens durch den Feind selbst abgeschnitten. Da uns Tugend nicht annähernd so schwer gemacht wurde wie das Leben, befanden wir uns also trotz allem in einer regelwidrig günstigen Lage.)

*

Hunderte von uns sind mitten aus diesem «ungültigen» Leben, an für sie «ungültigen» Plätzen, vom Tode geholt worden, und viele (was bei der Dürftigkeit unserer Umstände ja nur natürlich war) sehr verfrüht. Mindestens einen Augenblick lang möchte ich dieser Männer und Frauen hier gedenken. Nicht nur deshalb, weil als völlig Besiegter und als Ungültiger am falschen Platze zu sterben, kein schöner Tod ist;[3] auch nicht nur deshalb, weil die Erinnerungskraft der damaligen Augenzeugen (Du weißt ja, warum) geschwächt ist, oder weil diese Augenzeugen selbst bereits gestorben sind. Sondern auch deshalb, weil dieses Sterben in vielen Fällen sehr merkwürdig gewesen ist. Weil nämlich vielen der Sterbenden ihr Sterben ungewöhnlich leicht, um nicht zu sagen: entwürdigend leicht gefallen ist. *«Der gilt nicht»*, habe ich eine Frau, an deren Matratzengruft ich in Paris stand, ihren ihr nah bevorstehenden Tod kommentieren hören, *«der ist ein reiner Bühnentod»* – womit sie, da ja von Sterbepublikum, Begräbnistheater, blumigen Nachrufen oder dergleichen in der Emigration natürlich keine Rede sein konnte, allein gemeint haben kann: Da dieses Leben unwirklich ist, ist auch der Abschluß dieses Lebens vom Rost dieser Unwirklichkeit mitangefressen, ein «gültiger Tod» ist dieser Tod also nicht. Kurz: «Nicht einmal den gültigen *Tod* gönnt man uns.» – Wirklich stirbt man nur zu Hause.

Das Abwesende ist unveränderbar

Zuweilen stand hinter der Halsstarrigkeit, mit der wir auf unserem Leben im Provisorium beharrten, ein Motiv, das man wohl geradezu als *magisch* bezeichnen könnte. Heute jedenfalls scheint es mir so, als wenn wir faute de mieux, also mangels wirklicher Aktionsmöglichkeiten, durch die Aufrechterhaltung der Ungültigkeit unseres Lebens gehofft hätten, *Fernwirkung* auszuüben; nämlich den Siegel des Provisorischen und Ungültigen, den wir uns selbst aufdrückten, dem drüben wütenden Terrorregime ebenfalls aufzudrükken; als wenn wir es versucht hätten, durch die bewußte Ausschaltung unserer Existenz auch die Macht des Scharfrichters drüben auszuschalten. Natürlich endete diese Annullierungsanstrengung in Selbstbetrug. So entsinne ich mich z. B. eines Zimmernachbarn unter dem Dach eines Quartier-Latin-Hotels, eines ehemals durchaus erwachsenen Gewerkschaftlers, der im März 33 noch gerade hatte entrinnen können. Dieser Mann, der, als der Röhmputsch ausbrach, bereits mehr als ein Jahr lang neben mir gehaust hatte, hatte bis damals seinen armseligen Handkoffer niemals ganz ausgepackt (bzw. diesen penelopehaft immer wieder abreisefertig gemacht); er hätte sich geschämt, nein es vermutlich sogar als Hochverrat betrachtet, seine sieben Sachen im Schrank aufzuhängen, den leeren Koffer unter sein Bett zu stoßen und dadurch ein Sinnbild der Endgültigkeit zu schaffen. Dazu kam, daß er Französisch nicht las, sich daher über die weitere Entwicklung drüben nur mangelhaft auf dem laufenden halten konnte – was erheblich dazu beitrug, daß die Zeit für ihn nicht eigentlich mehr «lief».

Und dann kam also die Nachricht vom Röhmputsch. Atemlos von Tür zu Tür rennend und von Tür zu Tür die ohnehin schon maßlos übertriebene Rundfunkmeldung noch weiter übertreibend, hatte ihm ein Dritter das Ungeheuere in seine Bude gerufen. Fünf Minuten später stand der Ärmste, den schon (oder noch) gepackten Handkoffer in der Hand, hochrot im Gesicht und nicht im mindesten daran zweifelnd, daß das in seinen Augen längst schon überfällige Ende des Provisoriums nun wirklich und endlich eingetreten sei, vor mir, um mir triumphierend mitzuteilen, daß es «nun soweit» sei, daß er den «Faden nun wieder aufnehmen» würde: ob ich nicht mitkommen wollte? – Meine Skepsis tat er kopfschüttelnd als typisches Zeugnis von Unbelehrbarkeit und Defaitismus ab. Keine Frage, er war der felsenfesten Überzeugung, nun zu jenem Tage zurückkehren zu können, an dem sein gültiges Leben abgerissen war. Natürlich mußte er bleiben, natürlich *ist* er geblieben. Und nicht weniger natürlich ist es, daß er von Tag an mein Zimmer vermied und mir, wenn wir versehentlich auf dem Korridor zusammentrafen, mit feindseligem Blick zu verstehen gab, daß er mir (denn so hat das in seinen Augen wohl ausgesehen) die «Sabotage seiner Rückkehr» niemals würde verzeihen können. (Seine Feindschaft ist längst schon verraucht, denn zweiundeinhalb Jahre später ist er irgendwo in Spanien zugrunde gegangen, wo er mindestens sterbend, da er seine alten Verfolger ja wiedergesehen hat, die Chance hatte, «den Faden wiederaufzunehmen». Ehre seinem Andenken und auch dem seines Treuesymbols: seines niemals ausgepackten Handkoffers.)

*

Seien wir nicht ungerecht. Nur unreif oder nur bizarr ist das Benehmen meines Zimmernachbarn nicht gewesen. Gerecht werden wir dem Mann (und damit auch uns selbst) allein dann, wenn wir es uns klarmachen, daß sich die *Psychologie des Abwesenden* von der des (in seiner Welt) Anwesenden total unterscheidet, daß die Sehnsucht (und auch die nach alten Pflichten) ihr eigenes Verhältnis zur *Zeit* hat. In den (nichtsehenden) Augen des Abwesenden bleibt das *Abwesende* nämlich *unveränderbar,* damit unverändert, der Zeit ist es nicht untertan, «je weiter entfernt der Freund, desto langsamer altert er» (molussisch); und letztlich ist uns wohl sogar die Idee der Unsterblichkeit durch Abwesenheit (nämlich der Toten) eingegeben. Gleichviel, was der Abwesende, der auf Rückkehr hofft, meint oder erwartet, ist niemals nur die Rückkehr zu einer Stelle im Raum, sondern immer auch Rückkehr zu einer (längst wesenlos gewordenen) Stelle in der Zeit. Daß das auf konstitutionell Konservative zutrifft, ist ja selbstverständlich. Ich habe in Amerika Deutschamerikaner kennengelernt, Immigranten aus der Zeit um 1900, die in den späten zwanziger Jahren heimwehkrank zum erstenmal auf Besuch nach Hause gefahren waren; die, dort angekommen, trotz ihrer Zeitungslektüre und trotz alles «Wissens», konsterniert darüber gewesen waren, nicht das von ihnen erwartete Wilhelminische Deutschland wiederzufinden; und die dann Hals über Kopf, wie Betrogene, von ihrem Heimweh freilich endgültig geheilt, nach Amerika zurückgekehrt waren. Gegen solchen Wahn waren wir «Feinde von drüben» nicht besser gefeit als sie. Und selbst diejenigen nicht, die, wie mein Zimmernachbar, die Epoche, in der sie gelebt, verflucht, deren Abschaffung erhofft, und die den Sprung ins Neue mitvorbereitet hatten. Denn zu diesem Sprung ins Neue, den sie noch immer vor sich zu haben meinten, hatte eben, mindestens als *Sprungbrett,* auch die gute alte fluchwürdige Zeit gehört, für deren Abschaffung sie ihr Leben lang geschuftet hatten. Und so wie sie ihrer Hoffnung auf das Neue treu blieben und auf dieses immer wieder «zurückkamen», so blieben sie eben auch ihrem alten Sprungbrett ins Neue treu, auch auf dieses konnten sie nicht verzichten, auch auf dieses wünschten sie «zurückzukommen», auch zu diesem glaubten sie zurückkehren zu können. Sich von einer alten Hoffnung zu trennen; zuzugeben, daß eine «Zukunft hinter einem liegen» kann, und einzuräumen, daß eine neue Gegenwart den Entwurf einer neuen «neuen Zukunft» und eines neuen Sprungbretts ins Neue notwendig machen kann, das erfordert nicht nur Intelligenz, dafür muß man auch Mut haben; den Mut, sich selbst unrecht zu geben; den Mut, jahrzehntelange Anstrengungen und Risiken (damit in gewissem Sinne sich selbst) als vergeudet abzutun; den Mut, sich als Feigling oder als Verräter verleumden zu lassen; oder im günstigsten Falle den Mut, eine noch komplettere Weltlosigkeit auszuhalten als zuvor. Sein Leben lang als Oppositioneller zu leben und gegen den Strom zu schwimmen, das ist schon schwer genug; aber weder mit dem Strom noch mit den Gegenschwimmern zu schwimmen, und selbst in dieser Vereinsamung nicht einfach indolent zu werden oder zum Überläufer, dazu ist fast niemand fähig. Es darf uns wahrhaftig nicht wundernehmen, daß von denen, die die Entschlußkraft gefunden haben, abzuspringen, einige höchst unbeholfen gesprungen sind; daß sie zwar die Kraft, sich abzustoßen, noch gerade aufgebracht haben, aber doch bereits viel zu tief erschöpft waren, um in weitem Satz ein neues Ufer zu erreichen, und statt dessen nur im Abgrund der Schwermut oder des Selbstmordes landeten; oder daß sie in irgendein Gegenlager hineinstolperten, in dem sie natürlich nur dann bleiben durften, wenn sie eine erpresserisch erhöhte Aufenthaltsgebühr bezahlten: sich nämlich als Propaganda-Instrumente verwenden ließen. Worauf manche auch wirklich eingingen, vermutlich deshalb, weil ihnen dabei ein Mindestmaß an Kontinuität, mindestens der Schein eines solchen Mindestmaßes, vergönnt blieb: nämlich die Möglichkeit, ihre alte Zielfixierung (freilich mit umgekehrtem Wertvorzeichen) doch noch aufrechtzuerhalten.

Du siehst: Seine Würde zu wahren, das machte seine Schwierigkeiten. Eigentlich wanderten wir auf einem Grat, auf dem jeder Schritt drohte, unserem immer schon unbalancierten Dasein den letzten Halt zu rauben. Wenn Du Dir die Unmöglichkeit dieser Situation klarmachst, dann wirst Du verstehen, wie schwer es uns heute fällt, gewisse Kritiken unseres Emigrationsdaseins stillschweigend durchgehen zu lassen. Tatsächlich scheint es heute ja üblich zu werden, daß sich Hinz und Kunz, die niemals, und zu allerletzt damals in der Hitlerzeit, auch nur im Traum daran gedacht hatten, Entscheidungen selbst zu treffen, nun als Sittenrichter unseres damaligen Lebens aufspielen – und daß diese sich zu ihrem Richteramt nicht etwa trotz der Tatsache, daß sie alle organisierten Dummheiten stets mitgemacht haben, legitimiert fühlen, sondern umgekehrt gerade deshalb: nämlich weil sie diese Dummheiten eben «nur mitgemacht» hatten. Auf dieses «Nur» lieben sie ja zu pochen, und für einwandfrei halten sie sich ja wirklich deshalb, weil sie stets klug genug gewesen waren, Dummheiten niemals selbst zu verantworten.

Auch wir haben oft genug falsch, töricht und schädlich gehandelt; und gemessen am Idealbild eines Vernunftwesens sind auch wir natürlich unzulänglich gewesen. Aber mindestens soweit haben wir doch unsere Menschenwürde noch aufrechterhalten, daß wir unsere Torheiten aus eigener Entscheidung begingen; auf Grund von Skrupeln, die wir selbst uns gemacht hatten; und im Bewußtsein, daß wir deren Folgen selbst würden tragen müssen. Das ist zwar umsonst gewesen, aber unterstrichen werden muß das, hat doch ein Minister vor gar nicht langer Zeit, auf einen prominenten Emigranten Bezug nehmend, öffentlich den Ausspruch zu machen geruht, was die in der Hitlerzeit Zuhausegebliebenen getan hätten, das läge ja offen zutage; interessant wäre es dagegen, doch einmal zu fragen, wie damals die Emigranten gelebt hätten. Wenn der Minister Lust dazu hat, hier kann er sich ein wenig informieren.

Die Schande

Ich hatte gesagt, die Misere unseres «Regresses in die Pubertät» hätten wir als Sorgegrund nicht erkannt, nein diese sei uns geradezu unsichtbar geblieben. Wie kam das?

Durch drei Ursachen.

Einmal durch eine mechanische Ursache: dadurch daß auch Gewohnheitslosigkeit und improvisiertes Leben, wenn sie anhalten, zur Gewohnheit werden, und daß sich diese, nicht anders als andere Gewohnheiten, so rasch einbahnen, daß sie einem nicht mehr auffallen.

Ferner durch eine moralische Ursache: dadurch nämlich, daß es uns unpassend und als ungebührliche Kraftverschwendung vorgekommen wäre, uns mit uns selbst zu beschäftigen, und gar mit einem so feinen psychologischen Problem wie dem unserer «zweiten Pubertät». Positiv: dadurch, daß wir andere Sorgen hatten, größere, angemessenere, würdigere – Sorgen, die nicht uns selbst betrafen. Denn gleich, welche Sache wir gerade zu erledigen hatten, und gleich wo wir uns gerade herumtrieben, ob in Wartesälen, Präfekturen oder auf Zimmersuche, *unsere* Sachen waren diese unsere Sachen ja niemals, im Geist waren wir ja stets anderswo, nämlich bei dem, was sich zu Hause abspielte: bei denjenigen, die vielleicht gerade ihre Flucht gewagt hatten oder die vielleicht gerade im Gestapokeller schrien oder die vielleicht schon erschlagen herumlagen – und nicht zuletzt bei der atembeklemmenden Möglichkeit, daß die Katastrophe der Menschenrechte, als deren avantgardistische Opfer wir uns fühlten, weltweites Ausmaß annehmen könnte.

*

Ist es wirklich so gewesen? Oder hat es sich in Wirklichkeit nicht doch etwas anders abgespielt?

Doch etwas anders. Und damit komme ich zu der letzten Ursache. Schließlich gab es ja noch eine dritte Art von Sorge. Und diese dritte Sorge war aus anderem Stoff. Die ließ sich nicht mit derselben großzügig-beiläufigen Geste vom Tisch fegen wie die «feinen» psychologischen Probleme.

Denn ich spreche von der ganz ordinären Sorge um das nackte Leben.

Jeder von uns (die Ausnahmen sind kaum der Rede wert) hatte ja erst einmal zu versuchen, sein Lebensminimum zu erjagen, als da sind: ein Bett, Arbeitserlaubnis, Geld, Essenskarten, Schwarzarbeit, vor allem aber seine («Aufenthaltserlaubnis» genannte) *Lebenserlaubnis.* Und die Jagd auf diese Lebenserlaubnis (die zumeist im Warten auf Korridoren bestand) war, da wir aus dem Regen ja nicht etwa in Gutwetter gekommen waren, sondern wiederum in Regen (nämlich aus einer Welt der Arbeitslosigkeit in andere Welten der Arbeitslosigkeit), eigentlich aussichtslos. In manchen Fällen war der Schnörkel des Infernalischen besonders sinnig: die Jagd nämlich bei strengster Strafe (Rücktransport zur Grenze) untersagt – was darauf hinauslief, daß man uns gewissermaßen amtlich dazu zwang, die Gesetze zu umgehen, nämlich schwarzzuarbeiten, weil uns ohne diese Schwarzarbeit, abgesehen von dem Kleingeld, das man nun einmal braucht, um aus der Hand in den Mund zu leben, auch das größere Geld gefehlt hätte, das für die Aufenthaltserlaubnis verlangt wurde. In anderen Worten: Offiziell gefordert waren Zahlungen von Beträgen, deren Erwerb ebenso offiziell untersagt war.[4] Kurz: Die ordinäre Sorge war, mindestens in den ersten Zeiten der Emigration, so ungeheuer und so nervenaufreibend, daß sie im Wettstreit der Sorgen oft im weitesten Abstand als Siegerin hervorging.

Und das heißt: daß sie uns nicht nur gegen die «feinen» Probleme blind gemacht hat, sondern, und das gar nicht so selten, auch gegen die eigentlichen und würdigeren; daß sie uns dazu gezwungen hat, auch diese als Luxus beiseite zu schieben. Wie oft ist es unsereins passiert, daß wir, erschöpft vom Herumjagen – nein, nicht des Schlafes, sondern umgekehrt gerade *der Schlaflosigkeit beraubt* waren, jener Schlaflosigkeit, die wir nötig gehabt hätten, um uns unseren eigentlichen Sorgen auf gebührende Weise zuzuwenden. «Zu müde für die Furien» heißt das auf Molussisch.

«Zu müde für die Furien» – damit ist der tiefste Tiefpunkt unserer Erniedrigung bezeichnet. Denn wem keine Zeit mehr übrigbleibt und wem keine Kraft mehr vergönnt wird, um sich von seinen wirklichen Sorgen verfolgen zu lassen und um unter diesen zu leiden, der ist dadurch eben sogar des *Rechtes auf seine Sorgen* beraubt und *des Rechtes auf seine Leiden* – und an diesem Punkt beginnt die Entrechtung in glatte *Schande* umzuschlagen – womit natürlich nichts gegen diejenigen gesagt ist, die in dieser Schande zu leben hatten; denn Folge von Schuld ist Schande nur sehr selten.[5] Gleichviel, ich bin Zeuge von Szenen gewesen, in denen Leidensgenossen von mir aufs traurigste zu Genossen der falschen Leiden wurden, in denen sie z. B. deshalb zusammenbrachen, weil sie irgendwelche ebenso idiotischen wie unentbehrlichen Papiere nicht ergattern konnten, oder auch deshalb plötzlich lärmend herumalberten, weil ein Zufall ihnen diese Papiere doch in die Hände gespielt hatte – kurz: Szenen, in denen wir auf unsere triviale Misere so reagierten, als hätten wir keine anderen Sorgen, als hätten wir nie etwas von den Bluttaten drüben läuten hören oder niemals die drohende Wolkenwand des zweiten Weltkrieges heraufziehen sehen.

Unter dem Titel «Die falschen Tränen» (und im Tone der Schadenfreude, die den Verdacht nahelegt, daß es sich dabei um eine gut gelungene Machination gehandelt habe) berichtet die molussische Chronik, der Häftling Mo habe, während er auf seine Enthauptung wartete, unter einem Nagel in seinem Schuh so höllisch gelitten, daß ihm über seiner schmerzenden Sohle seine Todesangst vergangen sei; und er habe, im letzten Augenblick von seiner Marter befreit, seinen Nacken lächelnd unter das Schwert gebeugt.

Im gewissen Sinne war diese schändliche Geschichte auch die unsere. Auch uns hat, als es wahrhaftig galt, andere Sorgen zu haben, die Sorge um den «Nagel im Schuh» oft zum Wahnsinn getrieben, und auch wir haben oft «falsche Tränen» vergossen. Denn nichts erfordert schärfere Disziplin und sorgfältigere Unterscheidungskraft als die Aufgabe der *emotionalen Schizophrenie,* d.h. die Aufgabe, unter zwei gleichzeitig auftretenden Qualen völlig verschiedener Art und völlig verschiedenen Ranges gleichzeitig zu leiden, beide gleichzeitig zu «leisten», beide im Auge zu behalten und sie trotzdem auseinanderzuhalten; und wo, wann und von wem hätten wir das denn gelernt haben können? Die Zahl derer, die dieser Aufgabe gewachsen waren, die sich also z. B. zu der Arbeitsteilung zwingen konnten, das eine Leiden dem Tag, das andere der Nacht zuzuweisen – auf sie werde ich gleich zu sprechen kommen –, die ist sehr gering gewesen.

*

Und doch: Gerade die schändliche Erfahrung der «mißgönnten Leiden», die möchte ich heute nicht missen. Und zwar gerade deshalb nicht, *weil* sie eine Schande war. Mindestens für denjenigen, der an seinen eigenen Erfahrungen nur insoweit interessiert ist, als er ein Recht zu haben glaubt, in ihnen Allgemeinerfahrungen von heute zu sehen; der seine Erinnerung nur so weit mobilisiert und seine Selbstanalyse nur so weit treibt, als er damit etwas über die Welt von heute zu entdecken hofft; und der es schließlich als unsolidarisch empfindet, an den moralischen Hauptmiseren der heutigen Menschheit vorbeizuleben – für den ist die Erfahrung dieser Schande einfach unentbehrlich.

Wer niemals mit Schrecken hat feststellen müssen, daß er in den Tagen einer Weltkatastrophe davon abgehalten wurde, dem, was geschah, zugewendet zu bleiben, und daß er statt dessen dazu verurteilt war, sein privatestes Brot mit privatesten Tränen zu essen – der kennt nicht die höllischen Mächte von heute; der hat den Hauptskandal von heute versäumt. Denn dieser Skandal besteht darin, daß wir – und damit meine ich die Millionen unserer Erde – systematisch daran gehindert werden, emotional an den Hauptmiseren unserer Welt teilzunehmen; daß wir dazu gezwungen werden, «falsche Tränen» zu vergießen, Tränen, die Unbeträchtlichem gelten und Trivialem; und daß wir dadurch der Zeit, der Kraft und des Rechts beraubt sind, dasjenige zu beweinen, was ein Recht, wenn nicht sogar das Alleinrecht, auf unsere Tränen hätte. Vor hundert Jahren war Marx verdüstert gewesen durch die Schande des «falschen Bewußtseins». – Aber wie menschenwürdig war diese Schande des falschen Weltbildes noch gewesen neben der heutigen der falschen Gefühle!

Natürlich ist Unerfahrenheit in solcher Schande keine Schande, so wenig wie, diese Schande am eigenen Leibe erfahren zu haben, Verdienst oder Tugend ist. Gleichviel, da diese Schande nun einmal die Grundmisere der heutigen Menschheit ist, gilt, daß, wer das Glück hatte, von dieser Schande niemals angerührt zu werden, auch nicht beanspruchen darf, über die Millionen von heute angemessene Aussagen zu machen; und umgekehrt, daß dieses Recht (und damit vielleicht auch die infinitesimal geringe Möglichkeit, im Namen der heutigen Menschheit zu sprechen) allein denjenigen zusteht, die einmal die Schande der totalen Rechtlosigkeit am eigenen Leibe erfahren haben. Insofern kann diese Erfahrung vielleicht auch einmal zu einer Chance werden. «Kann» und «vielleicht».[6]

Das Stammeldasein

Ohne Folgen für unser Sprechen konnte solch ein Leben natürlich nicht bleiben. Tatsächlich kann man nur mit Vorbehalt behaupten, daß die Allgemeinbestimmung des Menschen (λόγον ἔχείν) auf uns Emigranten zugetroffen habe. Denn wer in einer neuen, gar für ihn ungültigen, Welt neu beginnen oder gar dieses Neubeginnen wiederholt durchführen muß, der ist ja nicht nur von Land zu Land verschlagen, sondern auch von Sprache zu Sprache. Und das bedeutet, und zwar sowohl für den Mitschwätzer wie für den sprachlich Selbständigen,[7] daß er plötzlich dazu verurteilt ist, einige Etagen unterhalb seines eigenen Niveaus mit der Umwelt zu verkehren, und daß sich diese Primitivierung als Bumerang auswirkt: daß der Stammelnde nun nämlich von der Umwelt, die ja keine Zeit dazu hat, Gründen nachzugehen oder auf diese Rücksicht zu nehmen, nach dem niederen Rang seines Sprechens eingestuft wird. Dieser Vorgang ist in der Tat nicht nur quälend, auch nicht nur demütigend, sondern wirklich verhängnisvoll. Niemand kann sich jahrelang ausschließlich in Sprachen bewegen, die er nicht beherrscht und im besten Falle nur fehlerfrei nachplappert, ohne seinem inferioren Sprechen zum Opfer zu fallen. Denn wie man sich ausdrückt, so wird man. Unterscheidungen, die wir als Sprechende nicht machen können (nicht mehr oder noch nicht), die spielen bald auch für uns als sinnliche oder moralische Wesen keine Rolle mehr. Auf uns Emigranten traf das genauso zu wie auf jeden, der in eine derartige Situation gerät. Im Augenblick, da wir gerettet im Exil ankamen, waren wir bereits in die neue Gefahr hineingeraten, in die Gefahr, auf ein niederes Niveau des Sprechens abzusinken und Stammler zu werden. Und Stammler sind viele von uns auch wirklich geworden, Stammler sogar in beiden Sprachen: Denn während wir unser Französisch, Englisch oder Spanisch noch nicht gelernt hatten, begann unser Deutsch bereits Stück für Stück abzubröckeln, und zumeist sogar so heimlich und allmählich, daß wir von dem Verlust ebensowenig bemerkten wie von dem unserer Erwachsenheit. Und diejenigen, die sogar das Unglück hatten, als einzelne an irgendeinen Punkt in der Fremde verschlagen zu werden, die hätten ja noch nicht einmal die Gelegenheit gehabt, durch Sprechen festzustellen, daß ihre Sprache schon nicht mehr intakt war.

Und doch – damit komme ich nun auf diejenigen, die der bewußten Schizophrenie fähig waren - einige hat es eben doch gegeben, die diese Gefahr erkannten, die sich verzweifelt gegen sie verteidigten, die sich fanatisch in die ihnen hüben und drüben mißgönnte Muttersprache hineinwarfen und die es sich zur Angewohnheit machten, sich jeden Augenblick abzustehlen, um Deutsch zu schreiben oder gar um das zum erstenmal zu versuchen. Und die das durchführten, die taten das nicht etwa nur deshalb, weil sie für die fremde Sprache zu unelastisch waren, oder nur deshalb, weil sie durch ihr Deutschschreiben ihr Heimweh ein wenig sättigen konnten; auch nicht nur (ein freilich absolut rechtmäßiges «Nur»), weil sie das, *was* sie niederschrieben, ausschließlich für drüben meinten, mindestens für das Morgen von drüben – sondern auch deshalb, weil sie die Würdelosigkeit des Stammeldaseins nicht aushielten; weil die Sprache das einzige Gerät war, mit dessen Hilfe sie sich, wenn auch nicht vor dem physischen Untergang, so doch vor dem letzten Herunterkommen bewahren konnten; und weil sie das einzige unraubbare Gut war, das einzige Stück Zuhause, das sie, wenn sie es verteidigten, selbst im Zustande restloser Entwürdigung noch *beherrschten*, das einzige, das (wenn auch nur ihnen selbst) bezeugte, wo sie hingehörten. Bekanntlich hat es selbst in den Lagern noch Schreibende gegeben, sogar Dichtende, die, ehe sie jenen Lands- oder Folterknechten, die auch die Folterknechte der deutschen Sprache waren, zum Opfer fielen, auf Zeitungsfetzen oder auf den Rückseiten ihrer Nummernzettel noch deutsche Strophen zu schreiben versucht haben, Strophen, von denen sie niemals ahnten, daß sie den Weg hinaus doch noch einmal finden würden. Deren Brüder sind wir gewesen, freilich deren unsäglich begünstigte Brüder.

Sonderbarere Sprachliebhaber und Schriftsteller hat es wohl niemals gegeben. Und wohl niemals einen Lebensstil, der dem bei *hommes de lettres* Üblichen so wenig geähnelt hätte wie der ihre. Denn auch sie waren natürlich gezwungen, ihre Tage mit der Jagd auf die Lebensminima zu verbringen, auch sie liefen natürlich (sofern sie der Gnade der dafür erforderlichen Papiere teilhaftig geworden waren) mit Seife oder Salami treppauf und treppab – wobei sie natürlich ausschließlich dann verstanden wurden, wenn der Zufall sie vor der Tür von Leidensgenossen absetzte, die aber, von Deutschunterricht gegen Bett oder von Haushaltsarbeit oder von Schwarzarbeit oder vom Verkauf selbsthergestellter Marmelade lebend, als Kunden nicht in Frage kamen. So sahen zufällige Dichtertreffen von damals aus. Zeit für unsere Beschäftigung mit dem Wort hatten wir also eigentlich niemals, oder nur dann, wenn wir diese dem Schlaf absparten, wenn wir also aus dem Wechsel von Tag und Nacht auch den Wechsel von Tag- und Nachtsprache machten. Dann sicherten wir durch die Nachtsprache das Kontinuum unseres Lebens, bis uns die hektischen Tagstunden nur als Löcher im Gewebe erschienen.

*

Unter solchen Umständen sind manche zu Schriftstellern geworden. Aber so schlecht sind diese Umstände vielleicht gar nicht gewesen. Haben wir auch öfter auf unseren Knien als an Schreibtischen geschrieben; immer nur für niemanden oder für Morgige statt für drängende Redakteure; immer nur für die Schublade oder für den Handkoffer, niemals für den Bücherschrank – was für eine Lehrzeit diese Jahre gewesen sind! Davon, daß man uns kaum Geplantes aus der Hand reißen dürfte, hatten wir niemals etwas gehört, und die Fragen, wer wo was dazu sagen könnte, oder ob das Geschriebene «zur Zeit» fertig werden könnte (zu welcher Zeit?) und dann «gehen» würde (wohin gehen?) – die sind uns unbekannt geblieben. Welch beneidenswerte Chance, sich zu fragen, ob, was man schrieb, wirklich benötigt war, und für wen man es schrieb! Welche Gelegenheit, Halbgeratenes zu stutzen, ins Stocken Geratenes fortzuwerfen und dadurch im Rucksack Platz für Stiefel oder Brot freizubekommen! Welch ein Glück, etwas schief Angelegtes in einem irgendwo liegenbleibenden oder von irgendeiner Behörde idiotisch requirierten Handkoffer so endgültig zu verlieren, daß es einem als corrigendum nicht mehr weitere Vorwürfe machen konnte! Gewiß, vieles ist in der Misere zugrunde gegangen, auch vieles Gelungenes, und viele von uns sind am Wege geblieben. Einige aber sind zufällig am Wegrand nicht umgesunken und schließlich zurückgekehrt. Wenn drei oder vier von diesen zufällig Aufgesparten heute, wie man so sagt, «schreiben können»: Wenn sie es gelernt haben, für die Ohren, die sie erreichen wollen, denjenigen Ton zu finden, der diese Ohren wirklich erreicht; für den Punkt, den sie zu treffen wünschen, dasjenige Wort, das nur diesen Punkt trifft; und für den Zusammenhang, den abzubilden sie für nötig halten, diejenige Syntax, die nur diesen

Zusammenhang abbildet – dann verdanken sie diese Beherrschung ihres Handwerks der Chance, daß sie eine so lange chancenlose Lernzeit hatten genießen dürfen. Dem Andenken mancher Männer haben wir unterdessen unsere Arbeiten gewidmet. Aber es gibt wohl niemanden, der auf unsere Widmungen ein gleich großes Recht hätte wie sie, unsere Lehrmeisterin: die gute Zeit unserer Exilmisere.

Anmerkungen

1 Sind sie auch der Sprache des Raums entlehnt – der Grundvorgang, nämlich der *Richtungswechsel* ist etwas Vorspezifisches. Das bedeutet: Die Möglichkeit, Richtung zu wechseln oder aus der Richtung gedrängt zu werden, gehört (gleich ob als Kraft oder als Schwäche) zum Leben als solchem; und nur deshalb kann sich der Vorgang sowohl auf zeitliche wie auf räumliche Weise verwirklichen.

2 Aus diesem Grunde ist es sehr wahrscheinlich, daß das Bildungsideal «Erwachsenheit» heute allgemein verkümmert. Vermutlich ist es von den geschichtlichen Begriffen «Autarkie» und «wirtschaftliche Selbständigkeit» nicht ablösbar. Da die verapparatisierte Welt Gewissen, Entscheidung und unspezifische Kompetenz nicht verlangt, sondern nur gewissenhafte Spezialleistung und ideale Adaptierung an den Betrieb, kann sie Erwachsene nicht verwenden, mithin nicht wünschen. Das gilt nicht etwa nur von der totalitären Welt, sondern genauso von unserer: von der Wohlfahrtswelt, von der Konformismuswelt des «sanften Terrors». – «Erwachsene Schrauben» oder «erwachsene Rentenempfänger» sind «hölzerne Eisen». – Sowenig man früher auf den Gedanken gekommen wäre, einen gemeinen Soldaten als «erwachsen» zu belobigen, sowenig würde man heute daran denken, einem Betriebsangestellten diese Qualität nachzusagen. – Freilich war die Unerwachsenheit, zu der *wir* verurteilt waren, von völlig anderer Art als diese heute allgemein einreißende. Denn wenn *wir* unerwachsen blieben, so nicht deshalb, weil wir zu vollständig als Schrauben oder als Nutznießer eingefügt gewesen wären, sondern umgekehrt deshalb, weil wir uns dagegen sträubten, uns überhaupt

einzufügen. – Übrigens hat der Zerfall des Ideals noch eine andere Wurzel: das rapide Verwandlungstempo unserer Welt, genauer: unserer Produktionsweisen, Produktmodelle, Nachfragen. Dieses Verwandlungstempo bringt es nämlich mit sich mit, daß die Jüngeren, die sich tatsächlich auf dem laufenden halten können, besser Bescheid wissen, also «erfahrener» sind als die Älteren, die von Tag zu Tag in immer neue Panik geraten, erfahrungslos zu werden. Der Rollentausch ist bereits voll im Gange, denn daß die Älteren von den Jüngeren lernen können, oft sogar müssen, ist schon keine Ausnahme mehr.

3 Als Sterbende waren wir übrigens die echten Kinder unserer Zeit. Denn wenn es eine Misere gibt, die, quer zu allen Frontzugehörigkeiten, kennzeichnend ist für unsere Epoche, dann besteht diese darin, daß Millionen (sofern ihr Sterbeplatz überhaupt identifizierbar ist) in falschen Gräbern liegen, in Gräbern an falschen Plätzen, in Gräbern, zu denen Hinterbliebene niemals hinfinden können. Die um ihren «gültigen Tod» betrogene Frau, die in einem schwer erreichbaren Vorortsfriedhof von Paris liegt; mein Vater, dessen Asche in einer der Tabakstädte des amerikanischen Südens herumsteht; Walter Benjamin, der unter einem Busch in den Pyrenäen seine Ruhe auf der Flucht fand – sie sind Zeitgenossen jener amerikanischen Boys, die auf einer Dschungelinsel vermodern, jener jungen Deutschen, die zu kaukasischer Erde geworden sind, und jener Kriegsknaben, deren Leiber unter der inzwischen erneuerten Straßendecke Breslaus zerfallen sind.

4 Daß es Tausenden von uns trotzdem gelungen ist, das Unmögliche durch Unermüdlichkeit durchzusetzen bzw. durchzustehen, ist heute kaum mehr begreiflich. Damals jedenfalls galt jeder Erfolg als *die* Ausnahme. Aber es muß unzählige Ausnahmen gegeben haben: Kafka hätte wahrscheinlich vermutet, daß das Durchbrechen der Regel die administrativ vorgesehene Regel gewesen sei, und damit hätte er auch recht gehabt.

5 In Schande haben z. B. alle diejenigen gelebt, die, als prospektiver Abfall ins Lager eingeliefert, die ihnen bleibenden Tage damit zu verbringen hatten, auf ihre Vertilgung zu warten. –

Neben dieser Schande war unsere natürlich die reinste Vergünstigung. In der Tat empfinden diejenigen, die heute noch da sind, die Unverdientheit dieser Vergünstigung als weitere Schande; und es gibt so etwas wie eine schamvolle Gemeinde der zufällig nicht Vergasten.

6 Obwohl es nichts Falscheres für den Menschen gibt als die Schande, gibt es doch keine Erfahrung, die mit gleichem Recht den Namen «Erfahrung» tragen dürfte wie deren Erfahrung; und zwar deshalb – das «Obwohl» war schief –, weil Erfahrung um so mehr *wirkliche* Erfahrung ist, je weniger dasjenige, *was* wir erfahren, uns angemessen ist. Damit meine ich nicht allein, daß das Positive unsichtbar bleibt (z. B. die uns angemessene Gesundheit im Unterschied zu unserer Krankheit), sondern vor allem – dies die «Kalamität des Glücks» –, daß diejenigen Dinge und diejenigen Umstände, die uns angegossen sitzen oder die wir uns zugeschneidert haben, uns der Chance berauben, auf Welt zu stoßen, und das heißt doch wohl: Erfahrungen zu machen. Der nach Maß gebaute Schuh betrügt unseren Fuß um die Erfahrung von Wurzel und Stein. Nicht als *adaequatio* (von res und intellectus oder von Sonne und «sonnenhaftem Auge» oder von Komfortwelt und Mensch) verwirklicht sich die wahre Erfahrung, sondern gerade auf Grund der inadaequatio, als deren *collisio*, in der das Fremde *als* Fremdes seine uns völlig unangemessene Macht und Realität anmeldet. Sub specie Erfahrung gilt: *Das Falsche ist das Wahre.* – Nichts wäre daher unberechtigter als zu glauben, wir lebten, und zwar dank der Technik, in einem Zeitalter der Natur- und Welterfahrung. Im Gegenteil: Da Technik, wieviel Naturkenntis sie auch voraussetzen mag, eudämonistisch darauf abzielt, uns die Welt komfortabel, also konform, zu machen und die Reibung mit der Welt auf ein Mindestmaß zu reduzieren, verwandelt sie uns in Erfahrungsunbedürftige, damit in Erfahrungslose, damit in Erfahrungsunfähige. – Da dies alles auch im Moralischen gilt, darf auch die Erfahrung des uns moralisch Unangemessensten: der Schande, als die wahrste Erfahrung gelten.

7 Auffällig war, daß sich diejenigen, die ein unverkennbares

Idiom und einen unbestreitbaren Sprachrang erarbeitet hatten, viel stärker vor den Fremdsprachen, mindestens vor dem Fremdsprechen, gehemmt fühlten als diejenigen, auch als diejenigen Schriftsteller, die auch früher nie etwas anderes gekannt hatten als das durchschnittliche Mitmachen der Sprache. Während diese den («Talent» genannten) vorteilhaften Charakterdefekt besaßen, früher oder später in einer zweiten oder dritten Sprache mitzuparlieren, ließen sich Männer wie Thomas Mann oder Brecht nur höchst ungern darauf ein, unter ihr eigenes Niveau zu steigen oder gar zu radebrechen. – Nicht minder auffällig, daß die glücklichen Eigentümer der internationalen Sprache, d. h. die Musiker, überall rasch zu Hause waren, und daß nur wenige unter ihnen mit der gleichen Hartnäckigkeit «Berufsemigranten» blieben wie wir aufs obsoleteste an unseren Provinzdialekt gebundenen Schreiber.

«Man denkt an mich, also bin ich»

Günther Anders über Emigration
und die Gefahr von Welt- und Selbstverlust

Nachwort von Florian Grosser

Günther Anders' Arbeiten zum Thema der Migration sind einer breiteren Öffentlichkeit auch knapp 30 Jahre nach seinem Tod nahezu unbekannt. Dass gerade dieser Zweig seines weitgefächerten Werkes bisher kaum gewürdigt und als eigenständig anerkannt, ja selbst innerhalb der Anders-Forschung nicht systematisch behandelt worden ist, muss aus verschiedenen Gründen erstaunen. Denn zum einen lässt sich eine gedankliche Auseinandersetzung mit (Zwangs-) Migration in verschiedenen Phasen und Formen – neben den philosophischen Betrachtungen etwa auch in den Gedichten und Erzählungen – seines schriftstellerischen Schaffens feststellen. Zum anderen nehmen Anders' Überlegungen, die unmittelbar aus seiner eigenen gelebten Erfahrung von Vertreibung und Flucht entspringen, wichtige Momente dessen vorweg, was gegenwärtig als «Philosophie der Migration» Gestalt annimmt und, gerade im Licht rezenter Migrationsbewegungen, zunehmend Verbreitung findet: Ein philosophisches Nachdenken, welches, wo es um Aus- und Einwanderung geht, nicht zuerst, ja allein vom Staat, von staatlicher Souveränität und Staatsbürgerschaft ausgeht, als seien dies alternativlose Prinzipien, auf deren Grundlage ein *right to exclude*, Aufnahmekriterien und -quoten oder von Neuankömmlingen zu erbringende Anpassungsleistungen zweifelsfrei zu bestimmen seien. Vielmehr setzt ein solches Denken bei denjenigen an, die selbst in Bewegung und auf Wanderschaft sind.[1]

In dem Moment, wo die Migrant*in der Bürger*in zur Seite gestellt und im Hinblick auf ihre politische Subjektivität und Handlungsfähigkeit als grundsätzlich gleichrangig verstanden wird, verschieben sich die Debatten über «Migrationsgesellschaften», deren Möglichkeit und Rechtfertigbarkeit, deren Chancen und Gefahren. So macht eine «Philosophie der Migration», wie sie sich in Anders' Texten schon seit den 1930er Jahren angelegt findet, etwa deutlich, dass es sich bei den Begriffen «Immigrant», «Ein-» oder «Zuwanderer» in erster Linie um Zuschreibungen handelt, die aus einer Position gesicherter Staatsangehörigkeit gegenüber Neuankömmlingen vorgenommen werden – und die erst auf der Folie einer als selbstverständlich hingenommenen Zugehörigkeit (zum Staatsgebiet) und Mitgliedschaft (im Staatsvolk) ihre volle Bedeutung gewinnen. Sie führt darüber hinaus vor Augen, dass in heutigen politiktheoretischen, praktisch-politischen und gesellschaftlichen Debatten zum rechten Umgang demokratischer Gemeinwesen mit Migration ausgerechnet die Erfahrungen, Selbstbeschreibungen und Überlegungen derer ausgeklammert bleiben, die von Heimatverlust am unmittelbarsten betroffen, die mit den vielfältigen Gefahren der Wanderschaft und den erheblichen Schwierigkeiten des Ankommens anderswo am intimsten vertraut sind.

Dass Anders' Essay *Der Emigrant*, erstmals 1962 im *Merkur* erschienen, diese Lücke, die in so genannten aufnehmenden Staaten und Gesellschaften im Diskurs- bzw. Gesichtsfeld akademischer, medialer und alltäglicher Auseinandersetzungen mit Migration klafft, mit detailgenauen Beschreibungen und originellen Reflexionen füllt, die direkt aus dem Horizont migrantischer Existenz hervorgehen – das ist es, was diesen Text auszeichnet und gerade für unsere Zeit hochrelevant macht. Wie bereits der Titel programmatisch anzeigt, rückt eine Figur in einzigartiger Weise ins Zentrum, die typischerweise randständig bleibt: das migrantische Subjekt, welches sich selbst zuerst einmal nicht als Einwanderer begreift, sondern sich primär in Bezug auf einen eingebüßten Ursprungs- und Herkunftskontext definiert, d. h. als Auswanderer ansieht. Phänomenologisch und psychologisch ansetzend, entwerfen Anders' Analysen der Zwangsmigration dabei nicht nur ein Bild der (über-)lebenspraktischen Schwierigkeiten, mit denen Betroffene konfrontiert sind; sie zeichnen vor allem auch die besonderen Herausforderungen nach, die sich aus dieser spezifischen Existenzsituation für deren Selbstverhältnis und -verständnis ergeben. Wie er dies an sich selbst und an anderen Emigrant*innen beobachtet, sind die biographischen Einschnitte nach einigen Fluchtetappen und versuchten Neuanfängen so tief, dass Auswanderer ihre eigene Identität als instabil, nicht selten sogar als fundamental fragwürdig wahrnehmen. Anders bringt dies auf die Formel *Vitae, nicht vita,* die er an den Anfang seines Essays stellt. Emigrant*in zu sein bedeutet demnach, zu Leben im Plural, zu mehreren, sich keineswegs nahtlos aneinanderfügenden Existenzen innerhalb einer Lebensspanne verurteilt zu sein – oder in Anders' eigenen Worten: «In gewissem Sinne mag zwar auch der Lebenslauf des Schmetterlings [...] *einer* sein; im gleichen Sinne wie der des Hundes nicht.»

Als ein entscheidendes Merkmal der modernen Menschheit gilt Anders ein dramatischer Mangel an Vorstellungskraft. Auf diesen Mangel führt er die Stumpfheit breiter Bevölkerungsschichten gegenüber den totalitären Verbrechen des 20. Jahrhunderts ebenso zurück wie die allgemein herrschende Blindheit im Angesicht einer möglichen Selbstvernichtung der sich immer weiter technisierenden Menschheit, sei diese nun atomarer Kriegsführung oder anthropogenem Klimawandel geschuldet. Wie seine totalitarismus- und technikkritischen Arbeiten, so zielt auch *Der Emigrant* darauf ab, einer – unserer! – erschlafften Vorstellungsfähigkeit auf die Sprünge zu helfen, indem in stark persönlicher Färbung die Innenperspektive derer entfaltet wird, die allzu oft lediglich als unspezifische Masse von Außenseitern erscheinen. Als bewusste Provokation verbreiteter Wahrnehmungs- und Denkmuster fügt der Essay sich damit nahtlos in den Bogen von Anders' Werken ein, die nur in Ausnahmefällen Beiträge zu engen Fachdiskussionen zu liefern suchen, sich zumeist aber an ein breites Publikum richten – die also, wie er insistiert, gerade nicht «esoterischen», sondern engagierten Charakters sind.

Der Emigrant löst diesen engagiert-aufklärerischen Anspruch vollumfänglich ein. Wenngleich der Essay bei seiner Erstveröffentlichung Anfang der 1960er Jahre vor allem eine retrospektive Aufarbeitung des Erlebten darstellt und die Erfahrungs- und Gedankenwelt von Zwangsmigrant*innen – konkret, von vor dem nationalsozialistischen Terror geflüchteten Juden – damit gewissermaßen verspätet vor der bundesdeutschen Leserschaft auffächert, so könnte er heute seinem Gehalt nach kaum zeitgemäßer sein. Den gewaltigen Unterschieden zwischen den historischen Umständen zum Trotz: Angesichts der Tatsache, dass Migrations- und Fluchtbewegungen aktuell den höchsten Stand seit der unmittelbaren Nachkriegszeit erreichen, scheint Anders' Bemerkung zuzutreffen, wonach es sich bei Vertreibung und Flucht unter spätmodernen Bedingungen nicht um Einzel- oder Extremfälle, sondern zunehmend um eine «Allgemeinerfahrung» handelt. Dass sich die Nationalismen und Rechtspopulismen unserer Gegenwart, die unter demokratischen Wählerschaften erhebliche Resonanz erzeugen, auf «natürliche» Zugehörigkeit und Alteingesessenheit berufen, um aggressiv gegen mit «Überfremdung» kurzgeschlossene «Zuwanderung» Front zu machen, ja gelegentlich sogar die Ausbürgerung zuvor naturalisierter Bürger*innen zu betreiben,[2] kann den Eindruck nur verstärken, dass Anders' Ausführungen gerade jetzt neue Aufmerksamkeit verdienen.

Um die Orientierung innerhalb des dichten und anspielungsreichen Textes zu erleichtern, wird *Der Emigrant* im Folgenden zunächst in lebens- und werkgeschichtlichen Zusammenhängen verortet, die den Boden für die darin angestellten Überlegungen bereiten (I und II). Anschließend werden einige zentrale Aspekte des Essays selbst beleuchtet, an denen sowohl die Eigenart von Anders' Ansatz, der Disziplin- und Textgattungsgrenzen vielfach überschreitet, als auch die besondere Fruchtbarkeit seiner Analysen der emigrantischen Situation zutage treten (III). Vor diesem Hintergrund ist zuletzt zu erörtern, inwiefern Anders' idiosynkratische «Philosophie der Migration» gegenwärtige gesellschaftliche Debatten darüber bereichert, wie demokratische Ordnungen unter Vorzeichen globaler Migration zu gestalten seien (IV).

(I) *Der Emigrant* im Kontext von Anders' Leben

1902 in Breslau als Günther Stern zur Welt gekommen und nach dem Umzug der Familie in Hamburg aufgewachsen, sind seine Studien- und frühen Berufsjahre von freiwilligen Ortswechseln geprägt. Zu seinen Stationen während der 1920er Jahre zählen Freiburg, wo er bei Edmund Husserl studiert und mit der Arbeit *Die Rolle der Situationskategorie bei* ‹*logischen Sätzen*› promoviert; Marburg, wo er in einem von Martin Heidegger gehaltenen Seminar seiner späteren Ehefrau Hannah Arendt begegnet; und Frankfurt, wo er mit verschiedenen Vertretern der Kritischen Theorie in Kontakt steht und ein musikphilosophisches Habilitationsprojekt verfolgt, das jedoch unabgeschlossen bleibt. Nachdem er den Gedanken an eine akademische Karriere aufgegeben hat, lässt er sich, nun gemeinsam mit Arendt, in Berlin nieder und geht dort hauptsächlich journalistischen Tätigkeiten nach. Zu dieser Zeit nimmt er auch den Nachnamen Anders an – seiner eigenen Darstellung zufolge in Reaktion auf die Anweisung eines vorgesetzten Redakteurs beim *Börsen-Courier*, seine allzu zahlreichen Artikel nicht sämtlich mit «Günther Stern», sondern doch bitte «anders» zu unterzeichnen. Mag der Anlass für die Namensänderung auch zufällig sein, erlaubt der neue Name seinem Träger doch ein hohes Maß der Identifikation. Denn ein Empfinden seiner eigenen Fremd- und Andersheit begleitet ihn seit der Jugend, in der er im nationalistisch aufgeheizten Klima der Jahre des Ersten Weltkriegs Opfer antisemitischer Attacken wird. Verschärft durch die zahlreichen weiteren Begegnungen mit teils stillschweigendem, teils offenem *othering* und mit gewaltsamer Ausgrenzung, die Anders' Lebensweg insbesondere ab 1933 kennzeichnen – «Anders klang mein Name an jedem Grenzhaus. Wie ich heiße, bleibt ganz einerlei.», schreibt er in einem Gedicht von 1948 –, wird es ihn bis zu seinem Tod nicht mehr loslassen.

Die Machtübernahme der Nationalsozialisten und deren Maßnahmen zur «Gleichschaltung» aller Bereiche gesellschaftlichen Lebens erlebt Anders, der sich in seinem Romanprojekt *Die molussische Katakombe* bereits Ende der 1920er Jahre literarisch mit den Mechanismen faschistischer Ideologie und Praxis befasst hat, nicht nur als «Ausschaltung» aller Möglichkeiten freien, eigenständigen Arbeitens, sondern als unmittelbar bedrohlich. Die Flucht nach Paris markiert den Beginn einer langen Kette von Ortswechseln, die keineswegs mehr freiwillig erfolgen, sondern den Verhältnissen im Deutschland bzw. Europa der Vorkriegszeit und Kriegsjahre geschuldet sind. Als Emigrant ist er, wie er dies in einem kurz vor seinem Tod mit Konrad Paul Liessmann geführten Gespräch bezeichnet, von der «Welt als Schicksal und Macht in die Fänge genommen»[3]. Nach drei Jahren in Frankreich gelangt Anders 1936 in die Vereinigten Staaten, er verbringt die folgenden knapp anderthalb Jahrzehnte in New York und Los Angeles. Seinen Lebensunterhalt bestreitet er nur zu einem geringen Teil aus publizistischer Arbeit und Lehrtätigkeit, etwa für die Zeitschrift *Aufbau* bzw. an der New Yorker *New School for Social Research*. So verdingt er sich kurzzeitig im von der amerikanischen Regierung betriebenen *Office of War Information* oder als Reinigungskraft im *Hollywood Custom Palace*, einem Requisitenstudio der boomenden Filmindustrie – und damit, so ein Tagebucheintrag aus dem Frühjahr 1941, als «Leichenwäscher der Geschichte». Die Zeit im amerikanischen Exil ist überdies von schweren persönlichen Verlusten geprägt, insbesondere dem Tod seines Vaters, des Psychologen William Stern, und seines Großcousins Walter Benjamin, der sich auf der Flucht das Leben nimmt.

Fünf Jahre nach Kriegsende zieht Anders gemeinsam mit seiner zweiten Frau Elisabeth Freundlich, die Ehe mit Arendt ist seit 1937 geschieden, in deren Geburtsstadt Wien. Für Anders handelt es sich dabei um eine Rückkehr, die keine ist. So zählt er nun zwar einerseits zu den *gens rentrés*, zu den nach Europa Zurückgekehrten, von denen bereits Jahre zuvor, im Briefwechsel mit Arendt, mit merklicher Sehnsucht die Rede ist; andererseits ist er ohne echten Bezug zu einer Stadt, in der er das geistige Leben als «versandet» empfindet – gegenüber Karl Löwith beklagt er deren «Philosophie-, Verlags- und Zeitschriftenlosigkeit» – und deren Bevölkerung, die sich nur widerwillig mit ihrer nationalsozialistischen Vergangenheit auseinandersetzt. Entsprechend empfindet er Wien als ein «weder-noch», es bleibt ihm bis zu seinem Tod 1992 ein (Un-)Zuhause, welches er vor allem für die Möglichkeit schätzt, sich ungestört seiner schriftstellerischen Arbeit zu widmen. Anders' außerordentliche Produktivität während der folgenden Jahrzehnte schlägt sich vor allem in seinen maßgeblich unter dem Eindruck der Atombombenabwürfe verfassten technikphilosophischen Schriften nieder, so z. B. der zweibändigen Studie *Die Antiquiertheit des Menschen* (1956/1980) oder *Off Limits für das Gewissen. Briefwechsel mit dem*

Hiroshima-Piloten Claude Eatherly (1961), dem am breitesten rezipierten Bereich seines Werkes.

(II) *Der Emigrant* im Kontext von Anders' Werk

Zeitgleich mit seiner Vertreibung aus Deutschland setzt Anders' Bemühen ein, das ihm Widerfahrene im Schreiben zu verarbeiten. So kommt es gerade im Medium des Gedichts zu einer therapeutisch wirkenden Selbstverständigung darüber, was es bedeutet, vom eigenen Heimatland «als Verbrecher ausgebürgert» zu werden, vor allem jedoch sich mit einem Schlag als gänzlich Ungekannter, als Fremder anderswo wiederzufinden: «Hinter dieser Bahnhofshalle», so beginnt das 1933 entstandene Gedicht *Hinter der Grenze*, «weiß kein Mensch mehr, wer du bist.»[4] Anders' um Emigration kreisende Dichtungen bezeugen sein Ringen um ein Verhältnis zu sowohl Heimat als auch Exil, das seiner spezifischen Lebenssituation und Gefühlslage gerecht wird. Darin spiegelt sich die innere Zerrissenheit des Emigranten wider, den die Sehnsucht nach der Heimat, «verfluchtes süßes Engegefühl», auch nach Jahren im Exil noch unvermittelt anspringt, ehe er sich angesichts des Erlebten besinnt: «Nein, unsere Kost ist dieses Heimweh nicht»; den einerseits die Sorge umtreibt, in der Fremde «nur für Abbruch ausersehn» zu sein, der jedoch andererseits erkennt, was «heilsam» ist an einer derart «entwurzelten» Existenzform; und der sich, im ständigen Angesicht der Gefahr, «am Ende [zu] sein: zu oft gepackt» zu haben, selbst Mut macht – Mut, immer wieder «umzulernen». Ohne dass dieses poetische Nachdenken über erzwungene Wanderschaft, das Anders bis zu seinem Umzug nach Wien weiterverfolgt, zu eindeutigen, gesicherten Ergebnissen käme, spricht daraus zunehmend eine Einsicht, die sich in *Das wilde Beet* von 1946 ver-dichtet findet: «Zufall heißt uns Zuhause.»

Neben Anders' Gedichten müssen auch die Erzählung *Learsi* (1933) und die Novelle *Der Hungermarsch* (1935), schon bald nach ihrem Erscheinen mit einem Preis für Exilliteratur ausgezeichnet, als literarische Begleittexte seines Emigrantendaseins gelten. Hinter zahlreichen Verfremdungseffekten, die vom Kunstbegriff Bertolt Brechts beeinflusst sind, ist etwa in *Learsi* – ein Anagramm von Israel – unschwer eine Auseinandersetzung mit der Geschichte und Gegenwart jüdischen Lebens in Deutschland auszumachen. Von den Alteingegessenen zu vorbehaltloser Anpassung angehalten, enfaltet sich deren latente Aggression gegen Learsi offen erst in dem Moment, in dem dieser ihnen als zu angepasst, als ihnen selbst zu ähnlich erscheint. Die Erzählung zeigt, inwiefern das Bemühen um Assimilation zum Scheitern verurteilt ist, solange Fremde von Einheimischen mit Forderungen und Erwartungen konfrontiert werden, die unmöglich einzulösen sind: nämlich ihre Fremdheit sowohl aufzugeben als auch beizubehalten. Aus dieser verschiebbaren, immer neue Stigmatisierungen und Ausschlüsse produzierenden Matrix von «zu fremd» bzw. «nicht fremd genug» – einer Variante von *extreme stereotyping*, der starren Zuschreibung einander ausschließender Merkmale, die etwa in den antisemitischen Gemeinplätzen zutage tritt, Juden seien sowohl zu partikular als auch zu universell – resultieren in letzter Instanz Vernichtung oder Vertreibung. Entsprechend endet Anders' Erzählung mit der Flucht Learsis, «der Zukunft entgegen, dem riesigen Lande, von dem er kaum mehr kannte als den Namen».

Wenngleich Emigration darin nicht explizit zum Thema gemacht wird, so erweisen sich auch Anders' philosophische Schriften der Jahre im Exil in mancher Hinsicht als komplementär zu seiner Fluchterfahrung. Denn einerseits klingen in seinen literarischen Texten, persönlichen Notizen und Briefen Reflexionen zur *Weltfremdheit des Menschen* (1930) nach, d.h. zu dessen grundsätzlicher Nicht-Festgelegtheit auf eine bestimmte «Welt» oder einen bestimmten «Stil»; anderseits scheint es, als würden diese theoretischen Überlegungen für Anders in der Existenz des Flüchtenden in gewisser Weise eingelöst, führt er diese in Paris doch in zwei unmittelbar aus der *Weltfremdheit* hervorgehenden, in den *Recherches Philosophiques* veröffentlichten Essays (bei der Übertragung ins Französische arbeitet er mit Emmanuel Levinas zusammen) fort. Im Mittelpunkt stehen die Phänomene bzw. Begriffe von Kontingenz und Freiheit, wobei erstere – verstanden als die «Beliebigkeit» jeden «Gerade ich»-Seins und als Zufälligkeit oder Nichtnotwendigkeit des eigenen Ursprungs, den kein «ich» je zu verursachen oder zu wählen vermag – den Möglichkeitsraum für letztere erst eröffnet: Nur weil er ohne vorfestgelegt-unabänderlichen Identitätskern ist, kann der Mensch seine existenzielle Situation auch annehmen bzw. dieser in seinen Entscheidungen und Taten Kontur verleihen. Die damit einhergehende Entdeckung einer Distanz, ja einer nie restlos zu überkommenden Fremdheit sich selbst gegenüber erweist sich als ein Grundzug der *conditio humana*, der von der *conditio migrantis* lediglich in außergewöhnlicher Klarheit vor Augen geführt wird.

All diese motivischen und begrifflichen Stränge, die literarischen wie auch die philosophischen, laufen in *Der Emigrant* schließlich zusammen. Der Essay bildet den Kristallisationspunkt einer jahrzehntelangen Auseinandersetzung mit Fremdheit und Wanderschaft, welche sich im Streben, das Erlebte angemessen zu erfassen und (trans-)formative «Erfahrungen in Sprache umzusetzen» (so Anders im bereits erwähnten Gespräch mit Liessmann), in einer Vielzahl sprachlicher Medien vollzieht. Auf seine Reflexionen zur eigentümlichen Existenz von Auswanderern trifft zweifellos zu, was Anders im Rückblick allgemein über die Entstehung seiner späteren, nach der Remigration verfassten Werke sagen wird – nämlich, dass diese zum Zeitpunkt des Rückzugs nach Wien gedanklich «schon fertig» sind.

Es würde weit über den Rahmen dieses Nachworts hinausgehen, die hier umrisshaft nachgezeichnete Textgeschichte um eine Geschichte der Kon-Texte zu ergänzen, der mit- und zwischen-textlichen Verknüpfungen also, in die *Der Emigrant* eingewoben ist. Daher sei nur auf einige wenige philosophische Bewegungen, Autor*innen und Schriften verwiesen, deren Spuren im Essay zu finden sind. Wenngleich Anders auch keiner dieser Strömungen vorbehaltlos zugerechnet werden kann, den Hintergrund seiner gedanklich-begrifflichen Welt bilden drei gleichermaßen einflussreiche, in Vielem jedoch in Spannung zueinander stehende philosophische Projekte: Phänomenologie, Existentialismus und Kritische Theorie. Husserls phänomenologischer Ansatz bei den «Sachen selbst», d. h. bei grundlegenden Wahrnehmungs- und Erfahrungsstrukturen, nicht Prinzipien, prägt Anders' Denken, auch Nähen zur Heidegger'schen Daseins- und Todesanalyse sind unverkennbar. Jedoch zeigt sich gerade im Verhältnis zu Heidegger, was generell für seine Philosophierezeption gilt: Diese ist nie «auf Linie», sondern bleibt stets unabhängig und kritisch. So verzichtet er darauf, im Angesicht grundloser «Geworfenheit» Trost in einer ursprünglichen Hingehörigkeit in eine «Gegend» bzw. Zugehörigkeit zu einem «Volk» zu suchen. Auch dass Heidegger «Heimatlosigkeit» nur unter «ontologisch»-abstrakten Gesichtspunkten erörtert, dabei aber vom Bereich «ontisch»-konkreter Erfahrung abkoppelt, muss Anders als schwere Beschränkung, ja als wohlfeil erscheinen. Dass er Heideggers Art zu denken bzw. die dieser zugrunde liegende «Gestimmtheit» für ungeeignet hält, das Phänomen der

Migration philosophisch zu fassen, geht unter anderem aus einer Bemerkung in einem Brief an Karl Löwith, auch dieser ein ehemaliger Heidegger-Schüler, hervor: «Der Philosoph ist eben nicht nur ein Bergwerker, sondern auch ein Seefahrer und von keinem Typus ist Heidegger weiter entfernt.»[5]

In Paris kommt Anders mit dem Existentialismus in dessen Entstehungsphase in Berührung. Seine Analysen von Kontingenz und Freiheit, «Verlorenheit» und «Unspezifizität» fügen sich in den Rahmen existentialistischer Diskurse, deren Ausgangspunkt die «nichtshafte», grund- und wesenslose Verfassung menschlicher Existenz bildet, und werden mit entsprechendem Interesse wahrgenommen. Ob Levinas in *De l'évasion* (1936), einer existenzialphänomenologischen Studie, für die sein späteres Leitthema der «Ethik als erster Philosophie» noch nicht bestimmend ist, oder Sartre in *La transcendance de l'ego* (1936) – diese frühen Projekte zielen darauf ab, einer grundsätzlich ungebundenen Existenz durch Praxis, d. h. in Akten der Selbst- und Weltgestaltung und insbesondere in der Übernahme von Verantwortung, Richtung und Sinn zu verleihen, welche nicht vorab gegeben und daher nicht zu finden, sondern immer erst zu erfinden sind. Sartre wird später einräumen, dass sein Denken – bis hin zur vielzitierten Wendung in *Der Existentialismus ist ein Humanismus*, wonach der Mensch «zur Freiheit verurteilt» sei – Anders wesentliche Anstöße verdankt. Bei allen Gleichklängen ist freilich nicht zu übersehen, dass Anders auch dieser Denkschule gegenüber kritische Distanz wahrt, so z. B. in Hinblick auf eine Tendenz, persönliche Entscheidung und Wahl übermäßig zu betonen, die vor allem einige von Sartres Arbeiten kennzeichnet. Aus Sicht des Zwangsmigranten, der sich allenfalls vor eine Wahl gestellt findet – und dabei kann es, wie *Learsi* illustriert, durchaus um die verheerenden Alternativen von Stigmatisierung und Anpassung, Vernichtung und Vertreibung gehen –, muss die Vorstellung, eine Wahl gänzlich frei treffen zu können, nicht nur abwegig, sondern auch als philosophischer Ausdruck der privilegierten Lebenssituation und sozialen Stellung verlässlicher Ansässigkeit erscheinen.

Die engste und nachhaltigste persönliche Bindung hat Anders zur Kritischen Theorie. In wechselnder Intensität setzt sich der Austausch mit deren Vertretern auf sämtlichen Etappen seines Weges fort. Neben Briefwechseln kommt es dabei immer wieder auch zum Gespräch, etwa mit Herbert Marcuse in Santa Monica oder mit Theodor Adorno bei dessen Besuchen in Wien. Zwar ist Anders zu keinem Zeitpunkt Teil der institutionalisierten «Frankfurter Schule». Mit deren Programm einer Gesellschafts- und Politiktheorie, die sich der Analyse aktueller Problemlagen zuwendet, dabei den metaphysischen Ballast «traditioneller Theorie» abwirft und sich stattdessen interdisziplinär orientiert und der Empirie öffnet, identifiziert er sich dennoch weitgehend. Nur unter solchen Vorzeichen besteht nach seinem Verständnis die Chance, gehaltvolle, praxisrelevante Erkenntnisse über moderne Gesellschaften und die diese prägenden Lebensbereiche, z. B. der Arbeit oder der Medien, zu gewinnen. Wie in zahlreichen anderen Texten, so macht sich dieser Einfluss auch in *Der Emigrant* bemerkbar, wenn etwa die Grenze zwischen (Sozial-)Philosophie und (Sozial-)Psychologie fließend bleibt. Obwohl Anders der Kritischen Theorie der Sache nach verbunden bleibt, reibt er sich doch an der Rolle, die einige ihrer Repräsentanten, nicht wenige ebenfalls Remigranten, in der intellektuellen und politischen Landschaft der deutschen Nachkriegszeit spielen. Die Stellung als revolutionär gesinnter «Avantgardist» einerseits und Staatsbediensteter andererseits hält er für in sich widersprüchlich. Pointiert schreibt er bezüglich einer derartigen «Doppelexistenz» an Adorno: «Mir scheint, man kann nicht als ein Professor Nietzsche leben oder als ein surrealistischer Geheimrat.»[6]

Unter den vielfältigen philosophischen Mit-Texten (die literarischen etwa Alfred Döblins oder Bertolt Brechts müssen hier ausgeklammert bleiben), die ihre Spuren mehr oder weniger lesbar im *Emigranten* hinterlassen haben, sticht einer hervor: Hannah Arendts *Wir Flüchtlinge* von 1943. Nicht nur steht auch dieser Essay im Wirkungsfeld wesentlicher Denkrichtungen des 20. Jahrhunderts, bleibt dabei aber stets eigenständig und jargonfrei; vielmehr handelt es sich auch bei diesem um eine engagierte Darstellung der Innenperspektive geflüchteter Außenseiter. Im Zentrum steht bei Arendt die Beobachtung, dass Zwangsmigration von Momenten des Verlusts gekennzeichnet ist, die nicht nur den politisch-rechtlichen, sondern auch den sozialen Status Betroffener prekär werden lassen – und damit letztlich die Voraussetzungen für ein Leben in Selbstbestimmung und Selbstachtung. Führt man sich die enge persönliche Bindung und den fortgesetzten Gedankenaustausch zwischen Arendt und Anders während der Jahre vor Augen, in denen beide ihre Überlegungen zu Flucht und Emigration entwickeln, so stellt sich der Eindruck eines geradezu dialogischen Zusammenspiels ein. Während Arendt in *Wir Flüchtlinge* und vor allem in ihren späteren Schriften zum Thema ein großes historisch gerahmtes, politik- und rechtstheoretisches Tableau entwirft, liefert *Der Emigrant* phänomenologisch-psychologische Detailstudien dazu, wie Zeit, Raum und Sprache – und in alledem die eigene Identität – in der Emigration erlebt werden.

(III) *Der Emigrant*: Einige zentrale Aspekte

Angesichts des weitverzweigten lebens- bzw. textgeschichtlichen Hintergrunds und der vielschichtigen Komposition des Essays selbst ist es unmöglich, an dieser Stelle mehr als einige ausgewählte Aspekte anzusprechen, die Anders' *Der Emigrant* in Form und Inhalt ausmachen. Was formale Züge betrifft, muss insbesondere auffallen, dass sich der Essay an ein «Du» wendet, das freilich namenlos bleibt und auch ansonsten nicht näher bestimmt wird. Diese Anrede verleiht dem Text Gesprächscharakter, wenngleich anstelle eines tatsächlichen Gegenüber ein fiktiver, allgemeiner und gleichzeitig doch besonderer Dialogpartner adressiert wird – nämlich jeder, der bereit ist, den Beschreibungen eines «von der Weltgeschichte Gejagte[n]» zuzuhören und sich dem von diesem abgelegten Zeugnis zu öffnen. Das dialogische wie das zeugenschaftliche Moment machen deutlich, wie sehr Anders auf ein Schreiben aus ist, das «den richtigen Ton» trifft, um sowohl «heutige Menschen zu erreichen» als auch, wie es im Gedicht *Schulung und Chance* (1934) heißt, die erfahrungsgesättigte «gerechte Perspektive» der «Nirgendszugehörigen» zu entfalten. Zusammen genommen verleihen die Ausrichtung an der «Sache» der emigrantischen Erfahrung bzw. auf die Adressaten*innen dem Text eine außergewöhnliche Eindringlichkeit.

Den inhaltlichen Kern bilden Anders' Überlegungen zur eigentümlichen Art und Weise, in der Emigrant*innen ihr Schicksal und, im Lichte desselben, sich selbst wahrnehmen und begreifen. In einer Analyse, die dialektisch zwischen Phänomen und Begriff wechselt, wird diese partikulare emigrantische Identitätserfahrung mit einem grundsätzlichen Nachdenken über personale Identität verknüpft. Was sich auf Basis der philosophischen Strömungen, in deren Wirkungsbereich Anders steht, vermuten lässt, erweist sich für ihn erst im Exil als tatsächlich stich- bzw. welthaltig: Das «Ich» konstituiert und bildet sich nicht aus sich selbst heraus, es nimmt stattdessen in bzw. dank Bezügen zu Anderen – und hier vor allem zu vertrauten Anderen – Gestalt an. Wenn diese Identität ermöglichenden, immer wieder bestätigenden und so dauerhaft stabilisierenden zwischenmenschlichen Bezüge wegfallen bzw. gewaltsam unterbrochen werden, und genau dies ist bei Vertreibung und Flucht der Fall, muss für Betroffene deren Übereinstimmung mit sich selbst zum Problem, ja zuletzt sogar zweifelhaft werden – Anders spricht diesbezüglich vom «verlorenen Seinsbeweis».

Gebündelt kommt dies in einer Passage zum Ausdruck, in der Anders René Descartes' *Cogito ergo sum*, «Ich denke, also bin ich» in «*Cogitor ergo sum* – ‹man denkt an mich, also bin ich›» abwandelt und so – in einer kritischen Aufhebung der neuzeitlich-modernen Subjektphilosophie in einem Buchstaben – die relationale, intersubjektive Verfasstheit von Subjektivität hervorhebt. Entsprechend ist die Lebenssituation von Emigrant*innen für ihn wesentlich dadurch charakterisiert, dass niemand mehr an sie denkt (bzw. aufgrund ihres unstet-ungewissen Schicksals mehr an sie zu denken vermag). Wenn Anders, in loser Orientierung an Hegels praktischer Philosophie der Anerkennung, beschreibt, wie emigrantische Existenz schleichend «ungültig», ja «Luft» wird, so führt er dies nicht allein darauf zurück, dass die geflüchteten Neuankömmlinge von etablierten Mitgliedern der Staaten und Gesellschaften, in welchen sie zeitweise Zuflucht finden, «als Luft behandelt» werden; vielmehr ist dies auch der Effekt eines zunehmenden In-

Vergessenheit-Geratens, das diese bis hin zur «Weltlosigkeit» von jenen zwischenmenschlichen Beziehungen entfremdet und isoliert, aus welchen sich ihre Identität gespeist hat. In *Vertigo Temporis*, einer kurzen 1943 in New York niedergeschriebenen Denkskizze, die spätere Überlegungen vorwegnimmt, illustriert Anders diese Entfremdung an der «verquälten» Begegnung mit einer früheren Kommilitonin, von der er nach langen Exiljahren ebenso wenig weiß, «wo sie steht» und «wer sie heute ist», wie diese von ihm selbst. *Der Emigrant* zeigt zudem, dass die Auflösung identitätsstiftender Relationen sogar das Verhältnis zu Verstorbenen betrifft: «Du starbst entsetzlich weit entfernt», so lautet ein Vers aus dem Gedicht *Vor dem Spiegel* (1942), in dem Anders sich an seinen Vater richtet – dass dessen Asche, wie es im Essay selbst lakonisch heißt, «in einer der Tabakstädte des amerikanischen Südens herumsteht» oder dass sein Großcousin Walter Benjamin «unter einem Busch in den Pyrenäen seine Ruhe auf der Flucht fand», erschwert nicht nur jedes Andenken; dies nimmt ihm auch die Möglichkeit, sich an bestimmten, ihnen gewidmeten Gedenkorten seiner selbst zu besinnen.

Vertreibung und Flucht erweisen sich damit als ein Widerfahrnis existenziellen Weltverlusts, dem die Gefahr des Selbstverlusts eingeschrieben ist. In einem strukturell vergleichbaren Zusammenhang zeigt der Philosoph und Psychoanalytiker Jonathan Lear, inwiefern der «Zusammenbruch einer Welt», d.h. einer kollektiven Lebensweise, für die in dieser sozialisierten Individuen den Verlust eines Standpunkts gegenüber der Wirklichkeit bedeutet. Da dabei auch deren Auffassung von einem guten, gelingenden Leben ins Wanken gerät, schneidet derartiger Weltverlust tief in das Gewebe ihrer Identität ein.[7] Anders arbeitet dieses Motiv im Essay zu einer «*Psychologie des Abwesenden*» aus, im Zuge derer er präzise schildert, wie sich Emigration auf das Verhältnis Betroffener zu Sprache, Raum und Zeit auswirkt. Zu beobachten ist, dass diese insofern zu «Stammelnden» werden, als sie in Fremdsprachen ihre volle Ausdrucksfähigkeit einbüßen und auf vorgestanzte Formeln angewiesen bleiben, gleichzeitig jedoch – und gewissermaßen hinter ihrem Rücken – auch ihre Muttersprachen «abzubröckeln» beginnen. Die besondere räumliche Signatur emigrantischer Existenz ergibt sich Anders zufolge beispielsweise daraus, dass sich diese vielfach in Zwischenräumen – Grenzstationen, Wartehallen, provisorischen Unterkünften – abspielt. Im Gegensatz zu den Orten ihrer Herkunft, wo «die Welt einem *Walde von Merkzeichen*» gleicht, der Identität sichert, können derartige (Nicht-)Orte unmöglich verlässlich Orientierung gewähren. Schließlich ist es gemäß Anders' Schilderungen auch eine bestimmte Zeiterfahrung, die dieser Existenz die Form eines fortgesetzten «Intermezzos» verleiht. Die eigentümlich suspendierte zeitliche Position von Emigrant*innen ist, im Warten auf den nächsten «*odd job*» oder ein behördliches Dokument, einerseits durch einen steten Ausstand – oder grundsätzlicher:

den Ausstand tatsächlichen Ankommens und Zugehörens im Land der Zuflucht – geprägt. Andererseits nehmen diese einen wachsenden Rückstand ihrem Herkunftsland gegenüber wahr, sind doch die zeitlichen Stellen, welche sie etwa dann im Sinn haben, wenn sie auf Heimkehr hoffen, «längst wesenlos geworden». Unter diesen Vorzeichen – und angesichts der «*Knickung*», die jede neue Fluchtetappe bedeutet – wird die Wahrung biographischer Kontinuität zu einer gewaltigen Herausforderung, wird der Überblick, der den eigenen Lebensweg als einheitlich ausweist, «beinahe physisch unmöglich».

Hinzu kommt, dass die Affekte der Schande und Scham die Gefühlswelt und somit auch das Selbstverhältnis Geflüchteter negativ beeinflussen. In großer Offenheit legt Anders z. B. dar, dass er sein Leben im Exil als zutiefst «unfertig» und «unerwachsen» ansieht – und dies, obwohl er sich bewusst ist, dass Vertreibung und Flucht Zufall- oder Unfallcharakter besitzen, ihm also «schuldlos» zugestoßen sind. Hierbei geraten politisch-rechtliche Faktoren in den Blick, die das migrantische Schicksal maßgeblich bestimmen: Als schändlich wird etwa eine «Entrechtung» – deren institutionelle Hintergründe und Mechanismen von Anders nicht weiterverfolgt, dagegen bei Arendt ausführlich erörtert werden – erlebt, die Geflüchtete auf allen Stationen ihrer unfreiwilligen Wanderschaft begleitet und sie fortwährend in eine Rolle ohnmächtiger Passivität drängt. Anstatt ihr Leben selbst gestalten zu können, bleiben sie fundamental darauf angewiesen, dass man ihnen etwas zugesteht, gewährt oder erspart – und dies nicht selten in intransparenten, ja willkürlich anmutenden Verfahren, auf die sie keinerlei Einfluss haben. In besonderer Weise gilt das für die Erteilung einer Aufenthalts- und Arbeitserlaubnis, die, wie Anders treffend zuspitzt, letztlich einer «*Lebenserlaubnis*» gleichkommen. Ein Empfinden «glatte[r] *Schande*» stellt sich ein, wenn Anders sich eingestehen muss, dass er von seinen alltäglichen Kämpfen, von der «ordinäre[n] Sorge ums nackte Leben» zu einem Grad aufgerieben bzw. absorbiert wird, der ihn – und darin klingt erneut das Motiv des *cogitor*, des Aneinanderdenkens als Form eines gegenseitig erbrachten «Seinsbeweises» an – mit den Leiden Anderer «unsolidarisch» werden und an den «moralischen Hauptmiseren der heutigen Menschheit», an Shoah, Weltkrieg und der Bedrohung nuklearer Vernichtung, «vorbeileben» lässt. Vertieft durch die Scham, zur «Gemeinde der zufällig nicht Vergasten» zu zählen, ist sein psychischer Haushalt somit beständig von einem Empfinden der Erniedrigung einerseits, des Ungenügens andererseits bestimmt. Angesichts dieser Umstände, die emigrantische Existenz – vereinsamt, sprachgestört, fehl am Platz und aus der Zeit gefallen, von Schande, Scham und vielfältigen lebenspraktischen Sorgen umgetrieben – bestimmen, muss es Anders erscheinen, als bestätige sich in «Emigrations-Selbstmorde[n]» lediglich ein ohnehin bereits erlittener «Existenzverlust».

Wie kann es in Anbetracht all dessen sein, dass Anders, ganz zu Ende seines Essays, dennoch von der «gute[n] Zeit unserer Exilmisere» schreibt? Zu einem gewissen Grad lässt sich diese überraschende (denn auf den vorangehenden Seiten steht zweifellos die Misere im Mittelpunkt) Wendung wohl aus dem zeitlichen Abstand erklären, der zwischen dem Erleben und der reflexiven Verarbeitung des Emigrantendaseins besteht. So steht zu vermuten, dass die versöhnlich wirkende Schlussbetrachtung nicht nur Anders' dialektischer Art zu denken geschuldet ist, sondern auch der Warte dessen, der Rückschau hält. Dass *Der Emigrant* später unter dem Titel *Post Festum* – lateinisch für «nach dem Fest» – veröffentlicht wird, scheint dies zu bestätigen, spricht daraus, bei aller gewiss mitintendierten bitteren Ironie, doch auch die «Zeitlichkeit des Melancholikers», der «immer schon sein ‹Fest› versäumt hat.»[8] Unmittelbar verwickelt in die Existenzbedingungen von Flucht und Exil, hat Anders, wie er retrospektiv erkennt, versäumt, was an diesen instruktiv ist. Als «Lehrzeit» stellt sich die Emigration für ihn in Bezug auf seine schriftstellerische Tätigkeit (eine Form persönlicher Besinnung und Sinnstiftung, die freilich nur den wenigsten Emigrant*innen offenstand und -steht) dar, hat sie ihm doch beigebracht, «für Morgige, nicht für Redakteure» zu schreiben. Die wichtigste Lektion der gelebten Emigrationserfahrung muss Anders abschließend freilich nicht mehr explizit benennen, hat er diese doch bereits über den gesamten Essay hinweg Beschreibung für Beschreibung, und (Sprach-)Bild für (Sprach-)Bild entfaltet: dass «Würde» und Identität einer Person sich nur unter der Bedingung wahren lassen, von Anderen bedacht, als «gültig» anerkannt und «in Anspruch genommen» zu werden.

(IV) *Der Emigrant* im Kontext heutiger Debatten

Welche Bedeutung besitzen diese Analysen für aktuelle Fragestellungen und Problemlagen? Zunächst sind die Unterschiede zu beachten, die zwischen den geschichtlichen und politisch-gesellschaftlichen Konstellationen, in denen Anders' Emigrationserfahrungen der 1930er und 40er Jahre gründen bzw. in denen er diese anfangs der 1960er Jahre öffentlich macht, und unserer Gegenwart bestehen. Der systematische Ausschluss der europäischen Juden aus ihren Herkunftsländern und ihre brutale, auf Vernichtung zielende Verfolgung lassen sich offenkundig nicht mit heutigen Fluchtursachen und -bedingungen vergleichen; und ebenso wenig lassen sich die Befindlichkeiten und Diskurse einer deutschen Nachkriegsgesellschaft, die sich, als *Der Emigrant* im *Merkur* erscheint, mit der Shoah, mit ihrer eigenen Verantwortung und Schuld für Ausschluss, Vertreibung und Vernichtung zögerlich auseinanderzusetzen beginnt, auf eine Situation übertragen, die von der Frage bestimmt wird, ob und wie der Einschluss Geflüchteter aus verschiedenen Kulturkreisen gelingen kann. Eine schlichte, unvermittelte Übertragung oder Anwendung von Anders' Überlegungen auf unseren Moment kann folglich nicht infrage kommen.

Stattdessen lassen sich mindestens vier politisch-ethische Ableitungen ziehen, die nicht nur anschlussfähig an die Migrationsdebatten der Gegenwart sind, sondern diese wesentlich bereichern. Als derartige Bereicherung erweist sich zunächst, dass Anders die Kontingenz der prekären existenziellen Situation von Emigrant*innen sichtbar macht – und damit im Umkehrschluss auch die Zufälligkeit der privilegierten Position von Bürger*innen wohlhabender Zielländer. Das «Verschlagenwerden» und «Niezuhausesein» der einen – sowie deren daraus resultierende «Entrechtung» – ist genauso wenig plausibel auf individuelles Versagen zurückzuführen wie die stabile Ansässigkeit der anderen – und die damit verbundene Rechtssicherheit – auf persönlichem Verdienst beruht. Da es sich jeweils um Folgen bestimmter Umstände handelt, die jenseits der Kontrolle Betroffener liegen (die Moralphilosophie spricht in solchen Fällen von *moral luck*), lässt sich keine dieser Positionen gerechtfertigterweise naturalisieren oder normativ ab- bzw. aufwerten. Passend dazu spekuliert Anders in einem seiner Emigrationsgedichte, dass sogar politisch-staatlich organisierte Sesshaftigkeit als solche ein zufälliges geschichtliches Phänomen darstellt – ein «Interregnum der Wurzelmänner».

Einen weiteren wichtigen Anstoß für ein verändertes Nachdenken über Aus- bzw. Einwanderung gibt *Der Emi-*

grant, indem er die fundamentale Bedeutung intersubjektiver Beziehungen für ein Leben in (Selbst-)Achtung aufweist. So lassen sich Anders' Ausführungen als ein indirekter Appell an die Mitglieder aufnehmender Gesellschaften lesen, Fragen und Formen des Umgangs mit Geflüchteten nicht allein an staatliche Institutionen zu delegieren, sondern sich selbst zu diesen zu verhalten – etwa dadurch, dass man Neuankömmlinge nicht als *enemy aliens* betrachtet oder als «Luft» behandelt, sondern diesen mit Respekt und Anerkennung begegnet. Dies ist eine maßgebliche Voraussetzung dafür, dass Geflüchtete neue Bindungen entwickeln, die den Verlust ursprünglicher Bindungen zumindest teilweise auffangen und so eine Existenz in «Weltlosigkeit» – eine Form von Isolation, die nicht nur zu Depression führen, sondern auch in Radikalisierung umschlagen kann – verhindern können. Anders' Leitgedanke, wonach ein gelingendes Welt- und Selbstverhältnis entscheidend darauf fußt, von Mitmenschen «in Anspruch genommen» zu werden, scheint dabei freilich ein Weiteres zu beinhalten: nämlich den Gedanken, dass Neuankömmlinge Bindungslosigkeit nur dann zu überwinden vermögen, wenn sie – im Austausch mit Alteingesessenen oder in verschiedenen Spielarten politischer, sozialer, kultureller und ökonomischer Teilhabe – nicht auf die «unerwachsene» Rolle passiv-ohnmächtiger Bittsteller*innen und Empfänger*innen festgelegt bleiben, sondern von ihren «Sozialpartnern» selbst in die Verantwortung genommen werden.

Verknüpft mit Anders' Erwägungen zu interpersonaler Relationalität ist ein dritter im Zusammenhang aktueller Debatten bedeutsamer Punkt, der den Unterschied zwischen, einerseits, der Assimilation und, andererseits, der Integration von Emigrant*innen betrifft. Durch die Art, in der der Essay deren Anbindung an die «Welt» ihrer Herkunft mit ihren identitätskonstitutiven «Merkzeichen» betont, wird deutlich, dass die Forderung, Neuankömmlinge hätten sich restlos an aufnehmende Gesellschaften anzupassen, für diese nur um den Preis eines beschädigten, problematisch abgeschnittenen Verhältnisses zur eigenen Biographie zu erfüllen ist. Wenngleich derart konkrete politische Fragen im *Emigranten* nicht ausbuchstabiert werden, lassen sich auf dieser Basis bestimmte Regelungen zum Nachzug von Angehörigen rechtfertigen, andere jedoch kritisieren. So entpuppt sich, was derzeit vielerorts unter dem Schlagwort *chain migration* verschrien ist, im Ausgang von Anders' Beschreibungen als eine Kette intersubjektiver Beziehungen, die einen entscheidenden Beitrag dazu leistet, dass Emigranten*innen für sich selbst verständlich bleiben. Dagegen wäre mit Anders unter Integration eine Weise des Sich-Einfügens zu verstehen, in der – bei allen neuen Verbindungen, die sich beispielsweise durch Spracherwerb, Zugang zur Arbeitswelt oder gesetzkonformes *fair play* eröffnen – eine migrantische Differenz gegenüber Mehrheitsgesellschaften bestehen bleibt, welche allenfalls in der Folge der Generationen aufzuheben ist.

Schließlich, und darin besteht ein vierter gegenwärtig relevanter Zug, stellt Anders' Essay ein Korrektiv für eine in den Debatten zu Migration verbreitete politische Sprache dar, die eine verzerrte Sicht bestehender Problemlagen transportiert. Auch wo diese Sprache nicht offen ressentimentgeladen ist, ist sie nicht selten von Gedankenlosigkeit gekennzeichnet – gerade in Hinblick darauf, wie bzw. *wem* im Zusammenhang mit aktuellen Migrationsbewegungen die schlimmsten Zumutungen zugerechnet, die größten Gefährdungen und Leiden zugeschrieben werden. So drängt sich im Licht von Anders' Beschreibungen eine ganze Reihe von Fragen auf, die aufgeregte, dem Selbstmitleid, der Empörung und der Wut zugeneigte Rede- und Denkweisen herausfordern: Wessen fundamentale, existenzielle Krise ist die «Flüchtlingskrise» eigentlich? Wessen Grundrechte werden dieser Tage in allererster Linie «beschnitten»? Wessen Zukunft steht tatsächlich «auf dem Spiel» – und wessen Identität ist unter den gegebenen Umständen vor allem «bedroht»? Der Behauptung, wonach es sich bei Geflüchteten um «Migrationsgewinnler» handelt, die ihre Herkunftsländer leichthin verlassen, um von den sozial- und wohlfahrtsstaatlichen Systemen wohlhabender westlicher Staaten zu profitieren, muss diese Lektüre jedenfalls die Grundlage entziehen.

In alledem mobilisiert *Der Emigrant* unsere Vorstellungskraft – der Text appelliert an uns, uns anzueignen, was Kants der Ästhetik gewidmete *Kritik der Urteilskraft* als «erweitere

Denkungsart» bezeichnet, und was Hannah Arendt schließlich gezielt für den Bereich des Politischen fruchtbar gemacht hat: Anstatt unsere eigene Haltung gegenüber Migrationsgesellschaften gänzlich aus der «beschränkten» Perspektive der Staatsbürgerschaft zu bestimmen – also von den Interessen und Werten, Wahrnehmungen und (Vor-)Urteilen her, die wir als Bürger*innen von so genannten Zielstaaten haben –, konfrontiert uns der Essay mit einer ganz anderen, der marginalisierten, vielfach verstellten emigrantischen Sichtweise. Sechs Jahrzehnte nach seinem ersten Erscheinen erweist sich Anders' Text damit als eine ebenso provokante wie dringend benötigte Erweiterung, die zu vermeiden hilft, dass unsere Debatten einzig um die Frage kreisen, was die erheblichen gegenwärtigen Migrationsbewegungen für uns selbst bedeuten – und somit letztlich Nabelschau betreiben. Dies ist umso wichtiger, als sich Anders' Einschätzung zu bestätigen scheint, nach der die Mitte des 20. Jahrhunderts den «Ausbruch neuer Völkerwanderungen» markiert. Angesichts der zu beobachtenden starken Vermehrung von Fluchtursachen – man denke nur an das stetig wachsende Kontingent von Klima- oder Umweltflüchtlingen – lässt sich diese heute nicht länger als hyperbolisch, gar als Panikmache abtun. Wenn der Eindruck nicht täuscht, ist die von Anders vorgelegte «Philosophie der Migration» nicht nur gut gealtert, sondern wird erst unter heutigen Bedingungen in ihrer vollen Tragweite erkennbar.

Anmerkungen

1 Donatella Di Cesares *Resident Foreigners* (2020) und Thomas Nails *The Figure of the Migrant* (2015) sind aktuelle Beispiele für diesen Denkansatz.

2 So wurde z. B. von der Trump-Regierung innerhalb des Justizministeriums eine *denaturalization section* eingerichtet.

3 Das Gespräch bildet den Abschluss von Liessmanns Band *Günther Anders. Zur Einführung*, der 1992 bei Junius erschienen ist.

4 Die hier erwähnten Emigrationsgedichte sind im Band *Günther Anders. Tagebücher und Gedichte* enthalten, der 1985 bei C.H. Beck erschienen ist.

5 Der Brief ist auf den 26. Januar 1952 datiert. Neben weiteren Dokumenten, die den Austausch zwischen Anders und Löwith beleuchten, ist dieser in der Herbstausgabe 2018 der Zeitschrift *sans phrase* enthalten. Für wertvolle Hinweise zur Konstellation Anders-Löwith – wie auch zu jener zwischen Anders und Theodor Adorno, von der gleich noch die Rede sein wird – gilt mein herzlicher Dank Herrn Gerhard Oberschlick.

6 Die Zeitschrift *sans phrase* hat dem Verhältnis von Anders und Adorno 2017 in ihrer Frühjahrsausgabe unter dem Titel «Unvereinbar konvergent» einen Themenschwerpunkt gewidmet.

7 Lears Analysen in *Radical Hope: Ethics in the Face of Cultural Devastation* (2006) beziehen sich auf den Weltverlust der nordamerikanischen *Crow Nation*.

8 In *Was von Auschwitz bleibt. Das Archiv und der Zeuge* (1998) setzt sich Giorgio Agamben im Anschluss an den japanischen Psychiater Kimura Bin mit den Zeitlichkeiten des «post festum», «ante festum» und «intra festum» auseinander.

Aus dem Verlagsprogramm

Die jüngsten Neu- und Erstveröffentlichungen
von Günther Anders bei C.H.Beck

Schriften zu Kunst und Film

Herausgegeben von
Reinhard Ellensohn und Kerstin Putz
2020. 487 Seiten. Leinen

Dieser Band versammelt erstmals bislang unveröffentlichte Schriften und verstreut publizierte Texte des Philosophen, Schriftstellers und streitbaren Intellektuellen Günther Anders zu Kunst und Film. Diese Arbeiten stammen vorwiegend aus den Jahren 1925 bis 1956 und zeigen den Technikphilosophen und engagierten Mitstreiter der Anti-Atombewegung in neuem Licht.

In seinen Analysen und Kommentaren zum Weimarer Kino, zum Tonfilm und zur Filmproduktion Hollywoods, seinen Interpretationen von Kunstwerken aus dem Pariser Louvre, seinen Tagebuchnotizen zur italienischen Renaissance-Kunst und pointierten Künstlerporträts von Rubens bis Goya erweist sich Anders als phänomenologisch geschulter Ästhetiker und kunstaffiner Medienphilosoph. Die aus dem Nachlass des Autors erstmals edierten Texte erlauben auch einen neuen Blick auf Anders' Gesamtwerk.

«Texte (...), die zu den subtilsten Schriften über Kunst gehören, die dieses Zeitalter hervorgebracht hat.»
Frankfurter Allgemeine Zeitung, Peter Geimer

«Kann es Interessanteres im Feld der skeptischen Zwanziger-und-Dreißigerjahre-Denker geben als einen Band, der Günther Anders' Kommentare zum Weimarer Kino enthält und dann noch Gespräche mit Arnold Zweig über die Freiheit der Kunst (1933) und mit Dolf Sternberger über die Frage, was eigentlich Ruhm sei (1931)? Kaum.»
Die literarische WELT

Die Antiquiertheit des Menschen

Band I: Über die Seele im Zeitalter der zweiten industriellen Revolution

4., durchgesehene Auflage, 2018.
416 Seiten. Klappenbroschur

Band II: Über die Zerstörung des Lebens im Zeitalter der dritten industriellen Revolution

4., durchgesehene Auflage, 2018.
526 Seiten. Klappenbroschur

«Die drei Hauptthesen: daß wir der Perfektion unserer Produkte nicht gewachsen sind; daß wir mehr herstellen, als wir uns vorstellen und verantworten können; und daß wir glauben, das, was wir können, auch zu dürfen: diese drei Grundthesen sind angesichts der im letzten Vierteljahrhundert offenbar gewordenen Umweltgefahren leider aktueller und brisanter als damals.»
Günther Anders

Anders' Hauptthema ist aktueller denn je: die Zerstörung der Humanität und die mögliche physische Selbstauslöschung der Menschheit. Der bisherige Mensch ist überholt, «antiquiert»?, der gegenwärtige und auch der zukünftige sind gekennzeichnet durch die Diskrepanz zwischen der noch immer wachsenden Kapazität der Technik und dem Unvermögen der Phantasie, sich die katastrophalen Folgen der Technik vorzustellen.

«Man sollte die zwei Bände der Antiquiertheit des Menschen atombombensicher deponieren. Irgendwann einmal mag sie dann auf diesem fast verödeten Planeten einer finden und erkennen, daß man es doch zumindest vorher hätte wissen können.»
Frankfurter Allgemeine Zeitung, Michael Schwarze

Die Weltfremdheit des Menschen

Schriften zur philosophischen Anthropologie
Herausgegeben von Christian Dries
2018. 544 Seiten. Leinen

Günther Anders' Schriften zur philosophischen Anthropologie finden sich in diesem Band zusammengestellt. Dazu gehören allen voran der bisher unveröffentlichte Text «Die Weltfremdheit des Menschen» von 1929/30 und die Rückübersetzung des Aufsatzes «Pathologie de la liberté. Essai sur la non-identification», erschienen 1936. Sie erschließen ganz wesentlich das Frühwerk des bedeutenden Philosophen. Sein radikal offenes Menschenbild könnte in der Kritik an populistischen und totalitären Bewegungen zeitgemäßer kaum sein.

Musikphilosophische Schriften

Texte und Dokumente
Herausgegeben von Reinhard Ellensohn
2017. 417 Seiten. Leinen

Dieser Band versammelt sämtliche Schriften zur Musik von Günther Anders aus den Zwanziger- und Dreißigerjahren, darunter die als Habilitation geplante Studie «Philosophische Untersuchungen über musikalische Situationen» sowie musiksoziologische Schriften. Biographie und Werk des Philosophen erscheinen durch diese Texte in einem neuen Licht. Darüber hinaus liefert der Band einen wichtigen Beitrag zur musikphilosophischen Ideengeschichte.

«Ein bemerkenswerter und faszinierender Band.»
Frankfurter Allgemeine Zeitung, Laurenz Lütteken

«Eine vorbildliche Edition.»
Süddeutsche Zeitung, Helmut Mauró

«Eindrucksvoll.»
Neue Zürcher Zeitung, Ludger Lütkehaus

Schreib doch mal hard facts *über Dich*

Briefe 1939 bis 1975
Hannah Arendt und Günther Anders

Herausgegeben von Kerstin Putz
2016. 286 Seiten mit 6 Abbildungen. Leinen

Dieser Band präsentiert erstmals den zwischen 1939 und 1975 geführten Briefwechsel zwischen Hannah Arendt und Günther Anders sowie gemeinsam verfasste oder in thematischer Nähe zueinander entstandene Texte. Diese erhellen die persönliche und intellektuelle Beziehung des einstigen Paares und werfen auch Schlaglichter auf Zeitgenossen wie Walter Benjamin, Theodor W. Adorno oder Martin Heidegger. Nicht zuletzt dokumentiert der Band die Vertreibung, Flucht und Emigration zweier jüdischer Intellektueller aus Deutschland.

«Eine Mischung von vertraulichem Nachhall einstiger Intensität und Nähe mit intellektueller und persönlicher Entfremdung.»
DIE ZEIT, Alexander Cammann